명화,
병사에게
말 걸다

윤수진 | 저자

평범한 우리나라 들꽃의 숨겨진 아름다움을 전통적인 채색기법으로 보여주는 작가로서 활동하며 마니프서울국제아트페어, 국가보훈문화예술협회 여성작가 초대전, 한국·홍콩 모던아트페어 등 여러 전시에 초대됐다. 또한 대한민국미술대전 특선, 경기도미술대전 특선, 아트서울 특별상 등을 수상했다.

그동안 그림을 그리면서 나를 치유하는 시간을 가졌다면, 미술치료를 하면서 타인 특히 전입신병의 심리를 치유하는 사람이 되고 싶다는 사명감으로 2019년부터 전입신병을 대상으로 한 미술치료를 진행하고 있다.

2022년 '전입신병의 명화감상 집단미술치료 프로그램 경험에 관한 질적연구'로 박사학위를 받았으며, 현재 인하대학교 인문융합치료학과 초빙교수로 재직 중이다.

펴 낸 날	2023년 9월 25일
지 은 이	윤 수 진
펴 낸 이	박 찬 익
편 집 장	권 효 진
디 자 인	리라이팅랩
펴 낸 곳	(주)박이정출판사
주 소	경기도 하남시 조정대로 45 미사센텀비즈 8층 F827호
전 화	031)792-1195
팩 스	02)928-4683
홈 페 이 지	www.pijbook.com
이 메 일	pijbook@naver.com
등 록	2014년 8월 22일 제2020-000029호

ISBN 979-11-5848-874-1 (03180)

명화, 병사에게 말 걸다

윤수진 지음

박이정

"병사와 가족들 그 외
모든 관계자들에게 마음의 위로와
도움이 되길 바라며"

CONTENTS

PART 3 | 명화와 미술이 주는 힐링과 치유

"그림은 사람과 세상을 하나로 묶어준다. 그림은 마법처럼 존재한다."

Keith Haring

나는 '들꽃그림 화가'로 불리며 오랜 시간 줄곧 들꽃을 화폭에 옮기는 작업을 해왔다. 그 과정에서 자연스럽게 다양한 화가들의 그림을 접할 기회가 많았다. 나 스스로 그림을 그리는 주체이자 감상자로서 마음이 울적하거나 스트레스를 받을 때면 전시회장을 찾곤 했다. 그림으로 표현된 화가의 감정을 직접 경험하면서 삶과 예술, 그리고 인간의 감정에 대해 생각하는 시간을 가졌다. 이는 마치 화가와 함께 여행을 떠나는 기분이 들어 작은 설렘과 위안을 주었다. 명화는 이렇게 나의 낯선 감각을 일깨워 주었고 이를 통해 나는 새로운 작업을 해나갈 힘을 얻었다.

이렇게 그림을 그리고 감상하며 스스로 치유하는 삶을 살아가던 중 2017년 아들이 군에 입대하였다. 아들은 훈련소에서 반장을 맡으며 군생활에 원만하게 적응해 나갔다. 그러나 자대배치를 받고 2개월이 지나 첫 휴가를 나왔을 때 아들은 더이상 군생활을 유지하는 것이 힘들다며 고개를 떨구었다. 그동안 간간이 전화로 힘듦을 호소할 때마다 나는 그것을 아들이 견뎌야 하는 통과의례로 여기고 무심하게 넘겼었다. 아들의 이야기를 듣고 혼란스러웠다. 대인관계만큼은 한 번도 걱정한 적 없는 아들이었기에 도무지 군대에서 무슨 일이 있었는지 몰라 덜컥 겁이 났다.

아들을 힘들게 한 건 선임들의 언어폭력이었다. 아들은 자신이 그동안 다른 사람들과 잘 지내며 대인관계가 원만한 사람이라는 자아상을 가지고 있었다. 하지만 아들의 자아상은 선임들의 비아냥거림과 무시로 인해 흐트러졌고, 그들의 예상할 수 없는 반응에 아들은 극심한 불안을 느꼈다. 나는 이전까지 부적응병사들은 심리적인 문제를 갖고 있으리라 생각해왔지만, 적응과 부적응은 부대에서 어떤 선임을 만나느냐에 따라 종이 한 장 뒤집듯 바뀔 수 있을 만큼 아슬아슬한 경계에 있었다. 모든 전입신병은 잠재적 부적응자인 것이다.

나는 병역의 의무를 다하기 위해 군에 온 다른 병사들도 같은 아픔을 겪고 있을지 모른다고 생각했다. 또한 미술은 나의 정서를 만져주고 치유해 주었기에 병사들에게도 미술이 도움이 되리라 기대했다. 이에 미술치료라는 학문을 공부하고 싶었고 바로 대학원에 입학했다. 미술치료는 아픈 사람을 대상으로 하기도 하지만 정상적인 사람에게도 예방적 차원에서 진행한다. 특히 갑작스러운 환경의 변화로 인해 우울과 불안을 경험할 수밖에 없는 전입신병에게 필요한 분야라고 생각했다. 공부를 시작한 지 1년 뒤 성남의 OO부대에서 전입신병을 대상으로 명화감상 미술치료 프로그램을 진행하며 임상을 쌓아갔다. 갓 스무 살이 넘은 전입신병들은 경직되고 불안해 보였고 생소한 업무와 낯선 환경속에서 하루하루 눈치를 보며 살아가고 있었다. 첫 만남의 자리에서 나는 그들에게 군생활을 잘 견디면 나중에 보람을 느끼게 될 것이라든가, 어차피 겪어야하는 일이니 즐기라는 식의 말을 하지 못했다. 단지 나와 함께 하는 이 시간이잠시나마 그들의 숨통을 트여 주면 좋겠다고 말할 뿐이었다.

그들은 명화를 감상하며 군대라는 경직된 공간에서 정서적인 안정감을 얻었다. 또 화가의 의도와 상관없이 자신만의 느낌, 감정을 창의적인 미술활동으로 표현했다. 미술활동은 군대 안에서 긴장하고 위축된 병사들에게 살아있다는 감각을 찾아주었다. 그러는 동안 조금씩 마음의 문이 열렸고 서로 불평, 불만을 쏟아내며 마음 속 응어리들을 지워갔다. 미술이 아닌, 언어만을 사용한 상담이었다면 느낌과 감정을 적절히 표현할 수 없었을 것이라고 말했다. 프로그램을 진행한 전입신병은 다른 동기들도 서로 비슷한 감정을 느끼고 있음에 안도했다. 자신 혼자만의 아픔이 아니라는 동질감을 느끼며 서로를 이해하고 도와주려고 노력하며 '우리'라는 마음을 키워나갔다. 이들은 다양한 배경의 청년들이 모인 이 공간에서 서로 다름을 존중하고 서로를 지지하며 의지가 되어주는 관계로 발전해 군생활 적응에 한 발 내디딜 수 있었다. 나는 그들이 내가 경험한 것처럼 한 점의 명화가 전입신병의 상처를 보듬고 어루만져 주기를 바랐다. 나아가 그들이 건강한 몸과 마음으로 군 복무에 임하여 내면의 성장에 도움이 되기를 희망했다.

나는 <첫 군대 휴가 나온 아들> (2017.11.23. 오마이뉴스 게재) 이라는 제목으로 아들이 군에서 겪은 어려움에 관한 글을 썼다. 그 내용은 다음과 같다.

올해 여름 아들은 군대에 갔다. 우리나라의 20대 남자아이들은 군대에 다녀오기 전까지 구체적인 미래를 계획하는 것이 현실적으로 어렵다. 아들도 대학 2학년을 마친 후, 하기 싫은 숙제를 해치우는 마음으로 입대를 했다.

입영 하루 전날 빡빡 깎은 머리를 하고 들어오는 모습에 남편은 뿌듯한 미소를 지었지만 나는 울음을 터뜨렸다. 아들은 내가 어디 멀리 가느냐, 중학교 1학년 때도 그 추운 겨울에 특전사 훈련을 지원해서 제일 잘했다고 상까지 받아오지 않았냐며 나를 위로해주었다. 이후 논산에서 훈련을 마치고도, 몸은 힘들지만 다들 잘해주어 지낼만하다고 했다. 아들은 내가 어디든 적응을 잘하지 않느냐며 나의 걱정 어린 눈빛에 괜찮다고 씩씩하게 답해 주었다. 의경 훈련소 5주 동안에도 반장을 맡으며 표창장을 받아 한 줌의 우려마저 한방에 씻어주었다. 어렴풋이나마 군대가 병사들을 인격적으로 존중해주고 있다는 느낌도 받았다.

그런데 자대배치를 받고 첫 외출 시 아들은 부대를 나오자마자 한숨을 쉬더니, "아, 들어가기 싫다"라는 말을 했다. 군대라는 집단에서 막내 역할을 하려니 얼마나 힘들까 이해는 됐지만, 혹여 아들의 마음이 약해질까 봐 그 말을 무시했다. 두 번째, 세 번째 외출을 나온 아들은 전보다 더 어두운 표정을 지었기에 조금씩 걱정이 되었다.

남편이나 모임에서 만난 남자들에게 아들이 군대 가서 너무 힘들어한다는 말을 하자 그들은 한결같이 이렇게 말했다.

"그 녀석 아직 철들려면 멀었네. 그 정도도 못 참고 어디서 어리광이야."

"그러면서 사람 되는 거야. 사회에 나오면 또라이들이 얼마나 많은데 미리 예방 주사 맞는 거지."

"나 때는 어디 아프다고 하면 아픈 곳을 집중적으로 때려서 아프다는 소리를 입 밖에 내지도 못 했어. 요새는 때리지도 않고 군대가 얼마나 좋아졌어."

"군대를 무슨 MT 정도 온 줄 아나 본데 까라면 까야지, 어디서 자존심을 부려. 이런 해이해진 정신으로 나라를 어떻게 지켜."

내 말은 공기 속에 묻혔고, 동정의 가치도 없는 나약한 아들을 가진 엄마의 하소연으로 치부해버렸다. 나는 그들의 말이 맞을 것이라고 믿었다.

아들이 첫 휴가를 나왔다. 죄송하다, 시간이 지나면 나아질 거라 생각했는데 더 이상 버티기 힘들다고 말하며 고개를 숙이는 아들의 눈빛에는 초점이 없었다. 가슴이 철렁했다. 내가 아들을 나약하게 키운 것이 아닌가 하는 자책감이 들었고 아들에게도 실망스러웠다. 아들은 그곳에서 있었던 일들을 적은 종이를 가방에서 꺼냈다. 아들은 순서까지 매겨가며 15가지를 적어왔다. 그중에 군대 막내로서 당해야 하는 서러움은 어쩔 수 없다 해도 나머지 것들은 놀라웠다.

웃으면 안 된다는 규율을 정해놓고 일부러 아들이 있는 앞에서 온갖 웃긴 상황을 연출한 후 아들의 입꼬리가 조금이라도 올라가면 표정 관리 못 하는 것 봐라, 이렇게 규율을 못 지키니 군대 생활을 제대로 하겠냐 했다. 아들이 모르는 것이 있어 잘 모르겠다, 죄송하다 하면 꼭 가르쳐줘야 아냐, 네가 어디서라도 배워 와야지, 모른다고 하면 다냐, 면박을 주었다. 아들이 담당하고 있는 하루 일정을 선임에게 보고하러 가면 선임은 지금 여자친구랑 전화해야 한다며 1시간 동안 아들을 밖에 세워두기도 했다. 취침 점호 시간인데도 선임은 일부러 나타나지 않아 내무반 전원이 잠을 못 자기도 했다. 내무반에 TV가 틀어져 있어 아들이 눈길을 돌리면 너는 TV를 너무 좋아한다며 비꼬고 그 말을 들은 선임들도 떡잎부터 안다는 등 한마디씩 거들었다.

대학교 신입생 때도 아들은 선배들의 신고식을 호되게 겪었다. 다른 1학년들이 선배들을 피해 학교 밖 카페에 숨어있을 때도 아들은 특유의 싹싹함으로 선배들에게 형, 누나 하며 졸졸 따라다녀 나중엔 미워할 수 없는 껌딱지 같은 놈이라는 별명을 얻으면서 위기를 넘겨왔었다. 아들은 군대에서도 잘 웃고 인사 잘하고 싹싹하게 대하면 상황이 바뀔 거라 생각했단다. 하지만 그런 행동도 '저 빈 우유갑 같은 녀석', '속은 텅텅 비어있는데 인상만 좋은 척한다'고 하니 어떻게 선임을 대해야 하는지 혼란스럽다고 했다. 함께 입대한 동기와 아들을 나란히 세워놓고 사사건건 둘을 비교하며 자존감을 바닥으로 끌어 내리는 막말을 계속하기도 했단다. 반복되고 있는 이런 현실에 아들은 불면을 호소했고 진통제로도 낫지 않을 만큼 두통이 심하다고 했다.

"엄마, 차라리 맞으면 좋겠어요. 몸이 힘든 건 얼마든지 참겠는데 선임들의 비아냥거리는 눈빛을 견딜 수가 없어요."

이곳만 아니면 어디든 좋으니 전출을 하고 싶다는 말에 나는 네가 전출을 한다면 문제가 있어서 왔다는 딱지가 붙을 것이고 그 곳 또한 안전한 곳이라는 보장이 있겠냐고 했다. 언론에 말하고 싶다는 아들의 말에 그것이 나중에 자기 조직을 폭로한 내부고발자라는 꼬리표가 따라붙을 것 같아 우려된다고도 했다. 나는 아들이 겪고 있는 힘든 상황보다 이를 참지 못하고 돌발 행동을 할 경우 아들의 뒷일이 걱정됐다.

선임에게 한 번 말해보자는 나의 제안에 아들은 손사래를 치며 선임들은 다 똑같이 괴롭힘만 더 당할 것이라고 했다. 무력감이 엄습했다. 군대에서 자살하는 아이들의 얘기를 들을 때 요즘 같은 군대에서 자살이라니, 나는 그 아이가 부적응병사일거라고, 원래 문제가 있는 아이일 것이라고 생각했었다. 그런데 유사한 일이 내게 벌어진 것이다. 사회에서라면 어떤 식으로든 출구를 마련하고 극복했을 텐데 폐쇄적인 군대 안에서는 해결 방법을 찾을 수 없었다.

나는 왜 아직까지 병영생활 내에서 선임에 의한 악습이 자행되고 있는지 생각해본다. 그들도 이제 겨우 20대 초중반이다. 자신이 왜 그런 행동을 하는지 의문을 던지기보다는 자기도 그렇게 당하고 견뎠으니 너도 당연히 당해야 한다는 심리가 학습되고 대물림되는 것이 아닐까라는 생각이 든다. 이러한 그릇된 악습이 군기를 유지하는 방법이라 여기며, 자존감을 바닥으로 끌어내리고 그것을 견디는 것이 진짜 남자가 되는 것일까. 요즘의 아이들은 자신의 인격에 대해 존중받는 것이 옳은 일이라 배워왔기 때문에 존재 자체를 부정당하는 것은 아무리 군대라 해도 용납할 수 없다고 느낄 것이다. 신성한 국방의 의무를 다하기 위해 군대에 온 아이들이다. 완장을 채워주면 그 사람의 인격이 나온다지만 우리는 언제까지 윗사람의 선의와 인격에 기대어야 하는가. 급식이 좋아졌다고, 피자까지 나온다고, 체벌이 사라졌다고 군대가 좋아진 것은 아닐 것이다.

죽어도 그 부대에 들어가지 않겠다는 아들을 설득할 수 없어 남편과 나는 부대 지휘관에게 면담 신청을 했다. 아이가 성인이 돼서도 부모가 자식 일을 해결하려 드는 이들을 경멸했는데 내가 이제 그 역할을 하고 있었다. 정신적으로 피폐해져 가는 아들을 군대가 도와줄 수 없다면 부모라도 나서야 했다. 의외로 지휘관은 우리의 얘기를 잘 들어주었고 아직도 그런 악습이 있는지 몰랐다고 깜짝 놀라며 철저한 조사와 재발 방지를 약속했다. 아들도 몇 번씩 만나 설득시켜주셨다. 아들은 지휘관의 말씀을 믿고 오늘 부대로 복귀했다.

아들의 뒷모습이 내 눈물에 가려 뿌옇게 보였다.

이 책 〈명화, 병사에게 말 걸다〉는 모두 3개의 영역으로 구분된다.

1부 '전입신병과 명화의 만남'에서는 우리나라 전입신병의 특성과 병사들이 신병교육을 마치고 자대로 배치되는 순간부터 겪는 어려움에 대해 알아본다. 또한 명화란 무엇인지 그리고 명화감상과 미술치료란 어떤 것인지에 대해 설명한다.

2부 '아홉 가지 이야기'는 명화감상 미술치료 프로그램을 경험한 전입신병 아홉명의 이야기를 엮었다. 각 병사의 솔직한 이야기와 미술치료로 인해 치유받고 병영생활에 잘 적응해 가는 과정을 볼 수 있다.

3부 '명화와 미술이 주는 힐링과 치유'에서는 명화감상 미술치료 프로그램을 경험한 전입신병이 자신의 마음을 더 깊이 알아가며, 상황을 극복하기 위한 힘을 얻는 과정을 보여주고, 명화감상 미술치료 프로그램의 의미를 정리하며 마무리 한다. 또한 부록을 통해 명화감상 미술치료 프로그램에 활용된 명화를 제시하고 간단한 설명을 덧붙였다.

이 책은 국방의 의무를 다하기 위해 군입대 후 신병교육훈련을 마치고 자대로 배치받은 "전입신병"들의 생생한 이야기다. 독자들은 이 책을 통해 전입신병들이 군생활에 적응해 가는 과정 속에서 서서히 안정감을 찾아가는 모습을 볼 수 있을 것이다.

이 책이 국방의 의무를 앞두고 있는 당사자나 가족들에게는 군입대에 대한 불안감을 해소시킬 수 있는 계기가 되고, 병사들을 관리, 감독하는 군 관련 간부들에게는 지도 및 지휘에 참고가 되길 바란다. 더 나아가 일반인, 교육청, 지자체에서도 이 책을 기반으로 한 다양한 심리치료 프로그램을 운영하여 발전된 사회 환경 조성에 기여하고 싶은 것이 저자의 솔직한 바람이다.

전임신병과
명화의 만남

전입신병의 군생활 적응

전입신병

우리나라의 병역제도는 의무병제도로서 일정 연령에 도달한 성인 남성들은 자신의 의지와 무관하게 군대에서 국방의 의무를 수행해야 한다. 이러한 징병제 위주 현행 병역제도에 따라 그들은 징집 또는 지원을 통해 입영한 후 약 5주간의 기초군사훈련(육군훈련소, 사단 단위 신병교육대)을 마치고 전역 시까지 군 복무를 해야 할 자대에 배치받는다. 자대란 특별한 경우가 없다면 전입 이후 전역에 이르기까지 군생활을 하게 될 부대를 말한다. 전입신병은 신병훈련을 받는 동안 입대 동기들과 동등한 수평 관계를 유지하다가 자대배치를 받은 후 계급이 존재하는 군생활을 시작한다. 현재 자대에서는 신병 전입 후 100일을 군생활 적응의 기초단계로 구분하고 「전입신병 100일 관리」 제도를 통해 담당 소대장은 전입신병을 관찰·면담하며 관리한다.

전입신병 세대의 특성

2023년 기준 입대하는 병사의 평균 나이는 21.7세로 병사 대부분은 19~24세에 속한다. 이들은 '후기청소년기'에 해당한다. 심리학자 에릭슨

(Erikson)은 심리·사회적 발달 단계에서 후기청소년기를 18~25세로 보았으며 이 시기는 '관계 발달'이 중요하다고 말했다. 이 시기에 다른 사람과 긍정적이고 조화로운 관계를 형성하는 것은 자신을 유능한 존재로 인식하고 자신에 대한 확신과 사회적인 능력을 향상하는 데 도움을 준다. 반면 타인과의 관계 형성에 실패하면 자신에 대해 불안해하게 되고 사회적 상호작용에 어려움을 겪으며 고립감을 느끼게 된다. 이는 자신을 이해해주는 사람들과 연결이 부족하거나 적절한 대처 방법을 배우지 못해서 발생한다고 볼 수 있다. 또한 심리학자 반두라(Bandura)는 후기청소년기가 자아형성과 관련하여 중요한 시기라고 말했다. 이 시기에 주변의 사람들을 주의 깊게 관찰하고 그들을 따라 행동하는 '모델링'과정을 거친다. 타인의 사고·감정·행동을 배우고 습득하게 되는데 긍정적이고 건강한 모델을 모방하면서 자신을 긍정적으로 형성하게 된다. 그러므로 전입신병의 군 생활에서 겪는 인간관계는 그들의 발달단계에서 의미가 크다고 할 수 있다.

또한 이들은 Z세대에 속한다. 이전 세대가 끈끈한 연대나 결속력을 기반으로 집단의 성장을 중시하였다면, Z세대는 조직에서 자신이 성장하고 발전하는 것을 중요하게 생각한다. 자신이 하는 일에 의미와 가치를 느끼고 싶어하기 때문에, 그 일에 참여하는 '나'에게 주어진 권한과 자율성을 중요시한다. 또한 조직에서 독립적으로 생각하고 행동할 수 있는 자율성을 원한다. 직접적인 지시나 통제보다 자신의 아이디어와 창의성을 존중받고 발휘할 수 있는 환경을 선호하며 이러한 환경 속에서 혁신적으로 성장하고자 한다. 국가에 대한 태도도 다르다. 이전 세대가 당위적이고 깊은 애국심이나 자긍심을 품고 있었다면, Z세대에게 국가는 우연히 태어난 곳으로 '모태 플랫폼' 같은 것으로 이해할 수 있다. Z세대는 자신의 정체성과 소속감을 국가에 종속시키기보다 개인적인 요소에 둔다. 즉 국가를 당연히 자신이 충성해야 하는 대상이라는 인식이 적다고 볼 수 있다. 이러한 Z세대의 특성을 고려한 군생활이 이루어져야 할 필요가 있다.

1 밀레니얼 Z세대 트랜드(2022). 대학내일20대연구소. 서울: 위즈덤하우스.

군생활 적응의 어려움

전입신병은 입영과 동시에 20여 년간 익숙했던 가정과 사회를 떠나 모든 것이 단절된 가운데 생소한 군대 사회를 접하며 '홀로 서는 낯섦'을 경험한다. 일반적으로 사회조직에서 적응을 잘하던 병사도 이전에 경험한 사회와 다른 규칙 체계를 갖는 군 조직의 특성과 문화로 인해 적응에 어려움을 겪을 수 있다. 군생활은 단체 활동과 규율에 따라 진행되는데 이는 단체생활에 적응하기보다 개인적인 시간을 즐기는 Z세대 병사에게 부담이 된다. 특히 상하 계급관계에 따른 단체생활은 여러 형태의 갈등을 유발한다. 전입신병은 낮은 계급으로 인해 군생활의 문제 상황에 직접적 대응이나 해결 권한을 갖지 못한다. 또한 자신의 감정이나 개인적인 어려움을 표현하는 것도 제한되기 때문에 정서적인 어려움을 겪는다. 병사의 부적응은 개인적인 문제뿐 아니라 동료 병사들과의 협력과 팀워크에도 어려움을 유발시킨다. 이는 부대의 전반적인 분위기와 동료들의 동기부여에도 부정적인 영향을 미치기 때문에 부대의 사기는 저하된다. 다시 말해 병사들의 군생활 적응이 계속되면 개인적으로나 국방전력 측면에서도 지속 가능한 국방에 문제가 생긴다고 볼 수 있다.

병사가 군생활 적응에 어려움을 호소한다는 보고와 통계는 생각보다 많다. 최근 5년간(2017~2022년) 복무 부적합 판정으로 중도 전역한 병사의 숫자가 연간 5,000명 이상으로 나타났다(문화일보, 2022.09.15). 민홍철 의원에 의하면, 2020년 군에서 정신질환이나 군생활 부적응의 사유로 병영처분이 변경된 인원은 4,916명에 달했다. 2016년 같은 사유로 병역처분이 변경된 인원은 3,909명으로 불과 4년 사이에 그 수치가 25%나 증가한 것이다.[2] 박성준 의원(2020)도 최근 3년간 '장병 정신건강 실태조사' 결과 병사의 32.4%가 최소 하나 이상의 정신건강 문제를 가지고 있다고 하였다.[3]

---

2 대한민국 국회(2021). 민홍철 의원.
3 대한민국 국회(2020). 박성준 의원.

정서 관련 설문조사에서 '불안·초조감' 항목과 '다른 사람의 눈치를 봄' 항목에서 전입신병이 전체 계급 중 가장 높은 비율로 나타났다.[4] 군생활 부적응 증세는 이병과 일병 등 주로 군 복무기간이 짧은 계층에서 집중적으로 발생하고 있고, 그 비율이 61%에 달한다.[5] 또한 국가인권위원회 조사 결과 병사 다섯 명 중 한 명(22.7%)이 군생활에 어려움을 경험하고 있으며 간부의 60%가 부적응병사 관리 문제로 어려움을 호소한 것으로 나타났다.[6]

이에 국방부는 병사들의 군생활 적응을 돕기 위해 Z세대의 특성을 반영하여 핸드폰 사용 시간 확대, 일과 후 외출 활성화 등 병사의 복무 여건을 개선하고 있다. 또한 국방부에서는 병사의 부적응문제를 해결하고자 복무 부적격자의 입대 차단, 심리검사 인력 확충, 자살예방종합시스템 도입, 부적응병사 조기 식별 및 상담 등 다양한 정책을 추진하고 있다. 「병영생활전문상담관」 제도[7]를 운영하고 있으며, 부적응병사를 효과적으로 관리하기 위한 군 교육 프로그램으로 「그린캠프」 제도[8]를 운영하여 집중·관리하고 있다. 하지만 두 제도는 부적응병사의 자살 예방 목적에 국한되어 운영하기 때문에 실제로 일반병사가 군생활에 잘 적응하도록 유도하는 정책은 상대적으로 미비한 수준이다. 부적응병사를 식별하고 이들의 사고를 미리 방지하는 것은 매우 중요하다. 하지만 그 전에 잠재적 부적응자인 일반병사 중 군생활을 시작하는 전입신병의 정서를 살펴 이들이 군에 잘 적응하도록 예방 조치 및 관리하는 것은 더욱 필요하다.

한편 저출산으로 인해 병력자원이 부족해지자, 국방부는 병력자원 확보를 위해 입대하는 병사의 입영 기준을 완화했다. 이는 병사들의 신체 능력을 저

---

4 박계연, 이숙(2010). 신병의 자아탄력성 및 스트레스에 미치는 집단원예치료 프로그램의 효과.
  한국산림휴양학회. 6월호.
5 유명덕(2006). 한국군 병사의 위기인식 유형과 관리방안. 한국군사학회. 46(-), 178-196.
6 이혜주(2019). 병사의 군생활 적응에 미치는 변인에 관한 연구. 중앙대학교 박사학위논문.
7 병영생활전문상담관 제도는 병영 내 자살사고 예방에 중점을 두고 군 내 악성 사고를 예방하고자 하는
  목적으로 시행되었다. 2022년 상담관은 630명이다.
8 그린 캠프 제도는 부적응병사 관리를 위해 군단 단위에서 주관하는 교육 및 상담프로그램이다.
  2023년 17개소에서 운용되고 있다.

하시킬 수 있고, 전반적인 군대의 전투력을 약화시킬 수 있으며, 병사의 일부는 군생활에 적합한 자질과 역량을 갖추지 못할 수 있다는 문제점을 안고 있다. 즉 군 조직의 역할수행과 협력에 어려움을 초래하여 군대의 효율성을 저하시킬 수도 있는 것이다. 또한 '코로나19'로 인해 학교에서 일정 기간 단체생활을 하지 않은 병사가 입대할 예정이기도 하다. 이들은 개인적인 활동을 선호할 것이고, 학교에서 친구들과 친밀한 관계를 형성하거나 협업하면서 사회적지지를 받은 경험이 제한적일 수 있다. 이에 따라 향후 부적응병사는 증가할 것으로 예상된다.

동기 간 사회적지지를 통한 군생활 적응

군생활 적응을 위한 보호 요인은 다양하다. 최근 연구에 따르면 보호요인이 위험요인보다 군생활 적응과 관련이 높다고 한다[9]. 이는 병사의 군생활 적응을 위해 개인이 지닌 취약한 특성이나 군에 대한 부정적인 태도를 개선하는 것에 초점을 맞추기보다 개인의 긍정적인 감정이나 군 구성원에게 받는 응원이나 지지 등을 강화하는 것이 군생활 적응에 도움이 된다는 본다. 이 중 부모나 친구 등 가까운 사람들과 떨어져 집단생활을 하는 병사들에게 군생활 적응의 가장 큰 보호 요인으로 병사 간 '사회적지지'를 들 수 있다.[10] '사회적지지'는 한 개인이 대인관계로부터 얻을 수 있는 모든 긍정적인 자원을 의미한다. 우리는 사회적 존재로서 상호작용을 통해 다른 사람과 연결되고 이를 통해 다양한 지지를 받을 수 있다. 예를 들어 타인으로부터 존중받는 것, 자신의 존재와 역할을 인정받는 것, 애정과 관심받는 것, 지원과 협력받는 것 등이다. 이러한 '사회적지지'는 우리의 심리적 요구를 충족시켜 자아존중감 형성을 돕고 안정감을 느끼게 해준다. 군대 동기는 비슷한 시기에 군생활을 함께 하므로 고민을 공유

---

9   방상옥, 임신일 (2021). 병사의 군생활 적응 관련 변인 메타분석. 한국사회복지학. 14(2). 39-61.
10 이은주(2018). 복무 부적응병사의 군생활 경험에 관한 일상생활 기술적 연구. 한양대학교 박사학위논문.
    장혜선(2021). 병사의 공감과 집단괴롭힘 주변인 행동 간의 관계. 용문상담심리대학원대학교 박사학위논문.
    정성모(2016). 현역복무 부적합 전역장병의 군 복무 부적응에 관한 현상학적 연구. 명지대학교 박사학위논문.

20

하고 함께 나눌 수 있는 대상이다. 동기들과 친밀한 관계를 형성하며 받은 지지, 조언, 도움 등은 병사들의 군생활 어려움을 극복하고 스트레스를 효과적으로 대처하는 데 도움이 된다.

명화 이해하기

명화

명화의 사전적 의미는 '아주 잘 그려진 그림' 또는 '유명한 그림'이다. Great Painting, Masterpiece, Famous Painting으로 불리는 걸작으로 오랜 세월 많은 사람들에게 지속적인 사랑을 받고 미술사에서 예술적으로 인정받은 작품을 일컫는다. 뭉크(Munch)가 자신의 그림을 '영혼의 자백'이라고 표현했던 것처럼 명화는 화가가 자신의 감정, 생각, 경험 등을 작품에 담아내는 과정에서 자신의 내면을 고백한다. 또한 특정 시대나 문화적 배경에서 벌어진 폭풍우와 같은 어려운 시기를 견뎌낸 화가의 정신적 힘과 저항력을 담은 작품이다. 미술사학자인 케니스(Kenneth)는 명화의 가치와 의미는 우리의 영혼에 활력을 줄 때 생긴다고 말했다. 즉 명화는 감상자의 영혼에 다양한 감정과 생각을 자극하여 울림을 주며 깊은 감동과 생각을 자아내는 경험을 제공한다.

구상화

구상화란 대상을 사실적으로 묘사한 그림이다. 대부분의 사람들은 자연의 풍경이나 인간 등 어떤 대상을 사실적으로 잘 묘사했을 때 좋은 그림이라고 생각하며 이러한 구상화를 선호하는 편이다. 미술을 포함한 예술 'art'라는 단어의 어원은 라틴어 'ars'에서 나왔다. 'ars'는 '일정한 과제를 해결해 낼 수 있는 능력 또는 활동으로서의 기술'을 의미하는 그리스어 'techne'에서 유래했으며 이는 영어 'technique'의 어원이기도 하다. 이렇듯 초반의 예술이나 미술의 의미는 기술의 의미가 강했다고 볼 수 있다. 구상화는 초창기 서양 미술에서 발전되었으며 현대미술에서도 화가들의 다양한 작품에서 활용된다.

고대 미술은 대상을 모방하여 시각적 즐거움을 주는 것이라 생각했다. 고대 그리스 사람들이 생각하는 미술이란 대상을 있는 그대로 그려야 하며 그 대상에 비례와 균형을 맞춰 이상적인 형태로 표현하는 것으로 이해했다. 그 예로는 기원전 5세기 후반 그리스의 제욱시스(Zeuxis)와 파라시오스(Parthasius)라는 두 화가가 벌인 결투를 손꼽을 수 있다. 제욱시스가 포도를 그렸는데 어찌나 잘 그렸는지 새들이 날아와 쪼아 먹으려고 했다. 이를 본 파라시오스는 자신도 그림을 보여준다며 제욱시스를 화실로 데려갔다. 그곳에는 커튼이 쳐진 그림이 있었는데 제욱시스는 커튼을 걷고 밑에 있는 그림을 보려고 했다. 이내 그것이 실제 커튼이 아니라 그림 속 커튼이라는 것을 깨닫게 되며 스스로 패배를 인정했다는 내용이다.

[그림 1] 파라시오스의 그림

반면 중세의 구상화는 대상의 정확한 모방보다 종교적 상징을 나타내는 것을 중요시했다. 중세시대는 5~15세기까지 지중해 주변과 유럽 대륙의 역사 천 년의 시기를 말한다. 이 시대는 크리스트교가 막강한 지배를 하였기에 신을 위한 작품만 예술로 인정했다. 모든 소재는 신의 메시지나 교리였으며 감정의 표현이나 인간적인 모습은 그리지 않았다.

[그림 2] 시모네 마르티니 <수태고지>

15세기 르네상스 시대에 이르러서 다시 고대 미술이 재탄생되고, 새로운 묘사를 기본으로 하는 구상화가 황금기를 이룬다. 르네상스 화가들은 입체적인 느낌을 주는 것을 중요하게 생각하여 원근법을 사용했다. 화면을 마치 거울에 비추는 자연의 반영으로 보고 진짜처럼 보이는 표현에 온갖 심혈을 기울였다. 이를 통해 감상자는 그림 속 대상들이 실제로 존재하는 것처럼 느꼈다.

[그림 3] 레오나르도 다빈치 <모나리자>

그러나 19세기가 되면서 화가들은 여기에 만족할 수 없었다. 이들은 사실적 묘사가 2차원에 그려진 그림이 마치 현실에 존재하는 것처럼 눈속임을 일으킨다고 여겼다. 따라서 사실적 묘사 기술보다 인간의 감정이나 기억 등 그리는 사람의 주관적 관찰을 중요시했다. 또한 이전의 그림들은 신화에 나오는 신이나 영웅 등 이상적인 인물을 그렸다면 이 시기에 와서는 화가 주변에 있는 평범한 인물들과 풍경을 그렸다.

[그림 4] 고흐 <별이 빛나는 밤에>

[그림 5] 밀레 <이삭 줍는 여인>

추상화

추상화는 비대상 미술, 비구상 미술, 비묘사 미술이라고 부른다. 추상 (Abstract)이란 라틴어 'abs-trahere'에서 유래된 말로, 'abs-'는 '떼어내다', 'trahere'는 '끌어내다' 또는 '분리하다'를 의미한다. 즉 대상을 분리하고 분해 하여 본질적인 형태와 개념을 강조하는 표현 방식이다. 즉 대상의 본질적인 것을 찾아내는 조형 작업이다. 미술의 기본을 점·선·면·색으로 보았고 이러한 추상 적인 요소를 이용해 화가의 감성과 생각을 자유롭게 표현했다. 추상화는 현실 에서 보이는 것을 모델로 삼아 이를 왜곡·단순화·변형·생략 등을 통해 실제 대상 의 형태나 형상에서 벗어나게 그린다. 이를 통해 그림이란 실제 사물의 외형을 세밀하게 묘사하는 것이 아니라 점·선·면·색 등의 형상을 통해 작품 자체의 시각 적인 구성과 조화를 중시하며 작품 자체가 독립적인 예술적 표현이라는 메시지 를 전달하고자 했다.

일반적으로 추상화는 20세기 초반부터 시작한다. 당시 구상화의 몰락을 재촉한 것은 사진기의 출현이다. 19세기 말 코닥 회사의 사진기가 대중화되면 서 화가들은 사진과 같은 사실적 그림을 거부하기 시작했다. 인물이나 풍경의 사실적 묘사보다 인간의 내면 세계를 점·선·면·색 등의 순수 조형 요소와 색채의 조화를 통해 새로운 미의식을 나타내고자 했다. 처음에는 현실적인 대상을 변형하여 현실과는 다른 형태를 창출했으나 이후에는 대상의 변형에 그치지 않았다. 화가들은 자신의 내면적인 감정·아이디어·상상력·개념 등을 작품에 반영하며 화가의 주관적인 해석과 해체를 통해 작품을 완성했다.

본격적인 추상화는 1910년 전후 칸딘스키(Kandinsky), 몬드리안(Mondrian)의 작품을 시작으로 본다. 칸딘스키나 몬드리안의 작품은 구체적인 대상을 단순화하고 간결한 형태의 선과 색상으로 표현한다. 칸딘스키는 그의 내적인 충동과 감정을 역동적인 에너지를 격렬하게 표현하여 '뜨거운 추상'이라고 불린다. 반면 몬드리안은 작품에서 수직선과 수평선, 기하학적인 형태, 단순한 원색 등을 사용하여 조화와 균형을 강조하고 작품의 전체적인 질서를 강조하여 '차가운 추상'이라 불린다.

_칸딘스키의 뜨거운 추상

[그림 6] 칸딘스키 <구성>

칸딘스키는 사실적인 형체를 완전히 버리고 순수 추상화의 세계를 개척한 최초의 화가이다. 그의 이러한 혁명적인 발견은 우연히 얻어졌다. 1908년 그는 자신의 작업실에 있는 한 그림을 보다가 그림의 추상적 표현에 매혹되었다. "나는 갑자기 표현 불가능한 눈부신 아름다움을 지닌 한 폭의 그림을 대하게 되었다. 그 그림에는 주제가 없었으며 식별할 수 있는 얼룩들로만 이루어져 있었다. 가까이 다가갔을 때 그것은 상하가 뒤바뀐 나의 그림이었다."고 말한다. 이것은 추상미술이 탄생한 하나의 작은 계기가 되었다.

칸딘스키의 작품을 보면 밝은 원색을 자유롭게 표현하여 감정과 에너지의 흐름을 역동적으로 보여준다. 장난스러운 아이들의 그림처럼 보이지만 그는 형태와 색상을 자유롭게 다루면서도 조형적인 원리를 지키는 것을 중요하게 생각했다. 특히 선과 색상을 독립적으로 다루며 작품의 조형성을 강조했다. 선은 기하학적인 형태로 사용하고 색상은 감정과 느낌을 표현하는 데 사용했다. 이러한 선과 색상, 형태와 공간의 배치에서 조화와 균형을 찾으며 작품의 조형적인 아름다움을 표현하고자 했다. 또한 강렬한 색상과 다이내믹한 선을 통해 감상자가 감정적인 반응을 일으키도록 유도했다. 이러한 그의 주관적 표현은 작품이 대상에 의존하지 않고도 독립적으로 존재할 수 있으며 선과 색상을 활용하는 그 자체로서 예술적인 표현이 가능함을 나타냈다.

_몬드리안의 차가운 추상

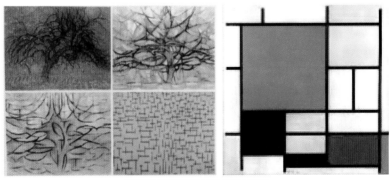

[그림 7] 몬드리안의 나무 연작 시리즈

몬드리안은 미술에서 감정 표현을 억제하려고 힘썼던 인물로, 그가 추상미술을 만드는 과정은 나무 연작 시리즈에서 잘 드러난다. 몬드리안이 나무를 단순화시킨 이유는 나무라는 형태의 가장 기본적인 구조를 표현하기 위해서였다. 처음에는 커다란 줄기로 단순화하더니 점차 그의 그림에는 간단한 선들만 남는다. 나뭇가지들의 얽힘은 무구한 곡선으로 환원되어 종국에는 수평과 수직의 작은 선들만 남았다.[11] 즉 그가 대상을 기본 형태로 환원시키려 했음을 알 수 있다. 이후 화면에는 수직·수평선만 남기고 빨강, 노랑, 파랑의 색 면으로 화면을 나누었다. 그의 작품은 단순화된 형태와 색상을 이용하여 균형과 조화를 표현하는 것이 특징으로 이는 그가 인간의 내면적인 조화와 순수성을 나타내려 함을 알 수 있다.

이렇듯 추상 화가들은 마치 사진과 같이 복사된 화면의 재현된 묘사에 대해 그 자체가 허상이며 눈속임에 지나지 않는다고 주장한다. 그들은 눈속임이 아닌 형태의 단순화와 추상적 표현을 통해 본질적인 아름다움을 표현하려고 노력했다. 이러한 추상화는 감상자에게 주관적인 해석과 상상력을 자극하게 되고, 감상자 각자 다른 감정과 생각을 불러일으키며 사물을 새롭고 독특한 시각으로 바라볼 수 있게 도와준다.

개념미술

개념미술은 미술작품의 외형적인 요소나 표현 양식에 관한 관심보다 미술작품 뒤에 숨겨진 '관념'이나 '아이디어'를 더 중요하게 여기는 미술사조다. 미술에 있어서 개념이라는 요소는 과거에도 존재했다. 하지만 이 용어는 20세기 후반 서구 사회의 포스트모더니즘(Postmodernism) 시대를 지나며 등장했다. 포스트모더니즘은 대략 1950년대부터 시작되며 절대적이고 엘리트적인 미적 기준에 저항한 미술사조들을 통칭하거나 그 시기를 의미한다. 이 시기 미술의 대표적인 특징은 이미지에 대한 전통적인 규범과 제약에서 벗어나 이미지의 형

11　이민희(2006). 미술비평을 통한 추상미술감상 지도 방안 연구. 홍익대학교 석사학위논문.

태와 의미를 자유롭게 해석하고 조작하는 것을 허용한다는 것이다. 또 다른 특징으로 단일한 진리나 절대적인 가치를 강조하지 않고 다양성을 존중한다는 것이다. 다양성을 인정하고 과감히 시도하는 당대의 분위기는 시각적 아름다움을 중시하는 기성 미술계를 비판하고 다양성에 근거한 지적 의미를 우선시하는 경향을 낳았다. 이처럼 포스트모더니즘 미술은 '다원주의', '아이디어', '형식의 해체', 해석' 등을 키워드로 하는 '생각의 미술'이라고 볼 수 있다. 이를 통해 자유로운 표현 방식과 대담한 도전과 실험이 이루어졌다.

개념미술은 뒤샹(Duchamp)의 〈샘〉부터 시작되었다.

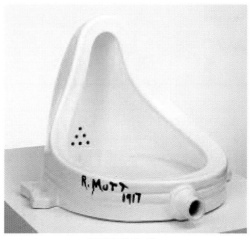

[그림 8] 뒤샹 <샘>

실험성이 강한 예술가로 잘 알려졌던 뒤샹은 1917년 뉴욕의 한 조각 전시회 심사위원이었다. 그가 변기를 사서 '뮈트'(R. Mutt)라는 가명으로 사인을 해 출품했으나 동료 심사위원들은 이 작품을 탈락시켰다. 이 작품이 부도덕하며 단지 변기일 뿐이라는 공식적 입장에 그는 항의했다. 그는 시각적인 것만을 추구하는 미술에 대한 의문을 제기하며 '레디메이드(Ready-made)'를 탄생시켰다. '레디메이드'란 작가가 이미 만들어진 일상적인 사물을 선택하고 그것을 예술작품으로 명명하는 것을 의미한다. 작가가 기성품을 통해 새로운 의미와 가치를 부여하면서 작가의 개입 없이도 이미 존재하는 사물 자체가 예술작품이 될 수 있다고 주장한 것이다. 그는 예술작품의 개념과 경계를 모호하게 만들었고 예술작품을 창조하는 과정과 예술가의 역할에 대한 관습적인 기준에 도전했다. 즉 그는 예술작품이 작가의 창작물이 아니라 작가의 작품에 대한 의도와 개념에 기초하여 정의된다고 보았다.

　현대미술은 우리의 고정관념에 있는 아름다움을 표현하는 데 몰두하지 않는다. 예술이 어떠해야 한다는 정의 또한 존재하지 않는다. 아름답지 않지만 존중받아 마땅한 우리 주변의 것들처럼, 폭력이나 더러움 등 추해 보이는 예술이라도 그 안에서 신성함과 비속함의 경계를 허물며 사유의 폭을 넓힐 수 있다. 이제 '개념'은 필수조건이 되었다. 화가 보이스(Beuys)는 다양하고 독특한 개인의 경험에 따른 시각적 표현이 예술의 핵심적인 가치라고 믿었다. 화가는 자신만의 시각과 경험을 통해 세상을 바라보고 이를 작품으로 표현하면서 사람들에게 다양한 시각과 관점을 제시하여 그들을 생각하게 만드는 역할을 해야 한다고 보았다. 즉 미술은 사회적인 의미와 영감을 전달할 수 있는 도구의 역할을 해야 한다고 강조했다. 또한 현대미술의 소재나 주제도 폭넓어졌다. 회화, 조각, 사진에 더해 비디오·사운드·설치·퍼포먼스 등 온갖 매체가 현대미술 작품으로 인정받는다. 나아가 미술관 같은 전문적인 예술 공간에서 벗어나 일상생활에서도 쉽게 접근할 수 있는 방식으로 확장되면서 더욱 다양한 사람들과 공유하고 소통하는 역할을 하게 되었다.

세상에서 가장 비싼 명화

　세계적으로 가장 비싼 명화는 다빈치(Leonardo da Vinci)의 〈살바토르 문디〉다. 다빈치는 15세기 르네상스 시대의 이탈리아를 대표하는 화가다. 살바토르 문디는 라틴어로 '구원자', 즉 예수를 뜻한다. 왼손에 크리스털 구슬을 올려놓고 오른손으로 축복을 내리는 모습을 그렸다. 이 작품은 2017년 사우디 왕자 모하메드 빈 살만이 구입했다. 두 번째로 비싼 명화는 쿠닝(Willem de Kooning)의 〈인터체인지〉다. 쿠닝은 네덜란드에서 태어나 1926년 미국에 밀입국해 아메리칸드림을 실천한 추상표현주의 화가다. 그의 작품은 추상적인 형태와 선명한 색감, 조각적인 표현 등의 특징을 가진다. 이 작품은 세계 최대 헤지펀드인 시타델의 최고경영자인 켄 크리핀(Ken Griffin)이 2015년에 구입했다. 세 번째로 비싼 명화는 세잔(Paul Cezanne)의 〈카드놀이하는 사람들〉이다. 세잔은 1880~1890년대 후기 인상파를 대표하는 프랑스의 화가다. 세잔은 카드놀이라는 주제로 다섯 점을 그렸는데 초기 그림에 4, 5명을 자세하게 묘사하다가 이후 두 사람만 남긴다. 가장 본질적이고 중요한 두 사람만 남기고 주변 인물을 선택해 주제와 구성을 단순화하였다. 이 작품은 2011년 카타르의 한 왕족이 구입했다. 반면 실제 세계에서 가장 비싼 그림은 다빈치의 〈모나리자〉로 추정한다. 이 그림은 프랑스 정부가 국보로 보관하고 있기에 거래되기 어려우나 약 60조 원으로 추정한다.

한국에서 가장 비싼 명화는 김환기의 〈우주〉다. 푸른 점화 가로 세로 2.5미터의 대작으로 2019년 국내 미술품 경매 사상 최초로 낙찰가 100억 원대를 돌파하며 낙찰됐다. 이 작품은 동양 먹의 정신인 절제된 세계와 서양 유화의 만남으로 다채롭고 깊은 푸른 빛 색조와 점들을 화면에 부리면서 시각적 울림을 준다. 경매가 상위 10위 안에 든 화가 중 8위인 이중섭의 〈황소〉가 47억에 낙찰된 것을 제외하고는 모두 김환기 작품으로 이루어졌다. '환기가 환기를 이겼다'라는 말이 계속해서 나오는 이유다. 이중섭은 소를 즐겨 그려 '황소 화가'로 불렸다. 소를 그리다가 소 도둑으로 지목되어 수차례 경찰 조사를 받았다고 한다. 그의 소 그림에는 무엇으로도 꺾을 수 없는 태산 같은 힘이 느껴져 한국인의 삶과 기상을 보여준다.

[그림 9] 이중섭 <황소>

[표 1] 세계에서 가장 비싼 명화

레오나르도 다빈치 <살바토르 문디>	웰림 드 쿠닝 <인터체인지>	폴 세잔 <카드놀이하는 사람들>
16세기 경	1955년	1890~1895년

1위: 약 5,300억 원	2위: 약 3,2000억 원	3위: 약 3,000억 원

[표 2] 한국에서 가장 비싼 명화

김환기 <우주>	김환기 <붉은 점화>	김환기 <무제>
1971년	1971년	1970년
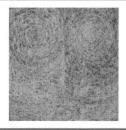		
1위: 약 132억 원	2위: 85억 원	3위: 72억 원

명화감상을 통한 치유

명화감상이란

스탕달 신드롬(Stendhal Syndrome)이라는 심리학적 용어가 있다. 이는 뛰어난 미술작품을 보고 순간적으로 흥분 상태에 빠지거나 호흡 곤란·현기증·위경련·전신마비 등의 이상 증세를 보이는 경우를 말한다. 1817년『적과 흑』으로 유명한 작가 스탕달(Standhal)은 이탈리아 피렌체 산타크로체 성당에 그려진 14세기 화가 조토(Giotto)의 벽화에 압도되어 무릎에 힘이 빠지고 숨이 가빠져 의식을 잃었다. 이런 충격에서 벗어나는 데 무려 한 달이나 걸렸다. 그는 그 당시 느낌을 자신의 일기에 적었다. "아름다움의 절정에 빠져 있다가... 모든 것들이 살아 일어나듯이 내 영혼에 말을 건넸다." 전 세계에서 미술품을 가장 많이 보유하고 있는 피렌체에서 수많은 관광객이 며칠 동안 이러한 증상에 시달리는 것을 보고 정신과 의사인 마게리니(Magherini) 박사는 이러한 증상을 '스탕달 신드롬'이라 이름 붙였다.

[그림 10] 조토 <그리스도의 죽음을 슬퍼함>

감상은 국어사전에서 '예술작품을 이해하여 즐기고 평가함'으로 정의한다. 미술비평이 미술작품에 대한 객관적이고 분석적인 판단을 통해 미술작품의 가치와 의미를 평가하고 해석하는 것을 의미한다면, 미술감상은 미술작품에 대한 주관적인 경험과 감정에 초점을 두며 자신의 내면을 탐색하는 과정이라 할 수 있다. 이러한 미술작품은 '형식'과 '내용'으로 나눌 수 있다. '형식'은 작품의 시각적인 특징으로 그림의 크기·구도·선의 표현·색감·질감 등이다. 반면 '내용'은 작품에 담긴 감정·주제·의미·이야기 등으로 화가의 의도와 메시지를 담고 있다. 철학자 하르트만(Hartmann)도 미술작품의 구조가 '전경'과 '후경'으로 이루어져 있다고 말한다. 전경은 눈으로 바로 보이는 감각적인 측면이고, 후경은 화가가 의도했던 관념이나 해석적·철학적인 측면이다. 즉 미술감상이란 명화의 '전경'을 통하여 화가의 '후경'에 깊이 들어가 즐기는 미적 체험으로 화가의 사상 세계와 만나 대화하는 활동이라 할 수 있다.[12]

명화감상의 첫 번째 기능은 명화의 시각적인 아름다움을 감각적으로 즐기며 그 속에서 감정적인 만족을 느끼는 것이다. 그러나 감상의 본질은 감상자가 명화에 몰입하면서 일상에서 느끼기 어려운 강렬한 감정과 경험을 일으키는 무엇이다. 감상자는 명화와 상호작용하면서 강한 감정적인 파동을 느낄 수 있다. 감각과 감정이 자극되면서 그 안에 담긴 메시지나 이야기가 우리의 내면에 와 닿는다. 이로 인해 감상자의 마음은 움직이며 감격·경외·슬픔 등 다양한 감정을 경험할 수 있다. 철학자 스피노자(Spinoza)는 감상을 '감정이입'이라 말했다. 예를 들어 명화 속에 슬퍼하는 인물이 있다면 감상자는 슬픔이 그 인물에게 어떤 영향을 주는지 궁금해하며 그의 감정을 생각하게 된다. 내가 주인공이라면 어떤 기분일지 상상하고 그의 감정을 공감하며 감상한다. 이러한 공감과 감정이입을 통해 작품 속 인물의 경험과 감정을 자신과 연결하며 작품을 더욱 깊이 이해하고 느끼게 된다. 이러한 마음의 움직임이 감상자의 무의식을 건드려 공

---

12 Hartman, N. (1987/2012). 미학이란 무엇인가(김성윤 역). 서울: 동서문화사.

명을 불러일으킨다. 자신의 과거 경험과 연결되는 순간 자신만의 생각이 시작된다. 화가 위그(Huyghe) 또한 명화감상을 통해 '말 없는 언어의 강력한 정서'와 만나며 자신의 깊은 정서 세계에 닿게 된다고 했다.[13]

감상 방법

많은 사람들은 '그림은 아는 만큼 보인다'라는 말처럼 명화를 감상할 때 명화에 대한 지식이 선행되어야 한다고 생각한다. 명화에 대해 가지고 있는 지식의 양이 명화 감상을 할 수 있는 수준을 결정한다고 보면 명화 감상은 어려워지며 거리감을 느끼게 된다. 이러한 견해도 일리가 있다. 특히 현대미술은 미술사적 맥락이나 개념을 알지 못하면 감상하기 어려운 것도 사실이다. 명화에 대한 아무런 개념도 갖고 있지 않을 때보다 이론적 지식을 가지고 있을 때 어떤 면에서 더 많은 상상을 할 수 있다고 본다.

한편 '안다는 것'이 '몰입'과 같은 실제적인 체험을 오히려 방해한다는 견해도 있다. 명화를 감상할 때 명화에 대한 지식은 절대적인 요소가 되지 못한다. 중요한 것은 주의 집중을 하며 '본다는 것'에 대한 체험이다. 감상자는 명화에 집중하여 몰입함으로써 자신의 내면에서 떠오르는 느낌과 이미지를 조합하여 의미를 재창조해내는 '창의적 체험'을 경험한다. 이는 감상자가 명화에 반응하며 자신만의 반응을 발견하도록 할 때 이루어진다. 미술사가 허먼(Hertman)은 작품에 대한 선입견을 버리고 감상자인 자신을 신뢰하고 모든 감각을 사용하여 느낄 것을 강조한다. 명화를 감상할 때 개인의 경험이나 감정 상태에 명화에 대한 해석이 다를 수 있기에 그것이 오히려 감상의 매력을 더욱 높여주는 것이라고 볼 수 있다.

---

13   Huyghe, R. (1960/1983). 예술과 영혼(김화영 역). 서울: 열화당.

감상 방법은 개인에 따라 다를 수 있지만 보통 다음과 같은 방법을 사용한다.

첫째, '전체적으로 바라보기'다. 그림을 전체적으로 바라보면서 화가가 어떤 메시지나 감정을 담으려고 했는지 파악하는 것이다. 둘째, '세부적인 부분 관찰하기'다. 그림의 세부적인 부분을 자세히 관찰하면서 화가가 어떤 기술을 사용했는지, 그것이 어떤 의미를 담고 있는지 파악하는 것이다. 셋째, '색채와 조형적 요소 관찰하기'다. 그림의 색채와 조형적 요소를 관찰하면서 화가가 어떤 느낌을 드러내고자 했는지, 그것이 어떤 메시지나 감정을 담고 있는지 파악하는 것이다. 넷째, '작품과 화가 이해하기'다. 작품과 화가의 삶이나 배경을 이해해 보면서 작품이 어떤 문화적, 사회적 맥락에서 만들어졌는지 파악하는 것이다. 다섯째, '자신의 경험과 감정과 연결해 보기'다. 그림에서 느낀 감정과 생각을 스스로의 경험과 연결하면서 자신의 감정과 생각을 더욱 풍부하게 표현하는 것이다.

능동적 명화감상

일반적으로 미술작품을 창작하는 것은 능동적인 활동이고 이를 감상하는 것은 수동적인 활동이라고 생각한다. 그러나 화가 피카소(Picasso)는 미술작품이 완성되어도 그것을 보는 감상자의 감정 상태에 따라 미술작품의 의미는 변한다고 했고, 화가 로스코(Rothko) 또한 미술작품은 감상자들과 교감함으로써 존재하는 것이며 감상자에 의해 확장되고 생장한다고 말했다.[14] 예를 들어 한 명화가 특정한 주제를 다루고 있을지라도 감상자들은 각각 자신만의 경험을 바탕으로 그 명화를 해석할 것이다. 이는 명화에 다양성과 개인적인 의미를 부여한다는 것을 의미한다. 감상자의 주체적인 참여와 해석은 명화를 완성하는 데 중요한 역할을 하기에 감상 역시 능동적인 활동이라고 할 수 있다. 이렇게 명화의 본래 의도와 무관하게 감상자 입장에서 명화를 새롭게 읽고 의미를 생성해낼 수 있다.

---

14 Baal-teshuva, J. (2006). 마크 로스코(윤채영 역). 서울: 마로니에북스.

화가와 감상자 간의 전달 구조는 '화가-명화-감상자'란 세 요소로 이루어진다. 이전까지의 감상 이론은 주로 '화가-명화'의 두 요소에 집중했다. 감상자가 명화를 감상할 때 화가가 명화를 그린 의도에만 집중한다면 감상자는 화가가 의도한 한계 내에서만 명화를 이해하려 할 것이다. 이러한 접근은 감상자의 시야를 좁히고 명화에 담긴 다양한 가능성과 해석을 제한하며 명화에 자신만의 관점과 경험을 연결할 기회를 놓치게 된다. 명화에 대한 고정된 해석을 거부하고 감상자가 직접 다양한 감정을 느끼고 자유롭게 상상하는 등 주체적인 의식을 발휘한다면 명화를 다양한 시각에서 이해하고 새로운 감정을 발견하며 독자적인 해석을 하게 될 것이다. 즉 수용적 명화감상은 명화가 단순히 고요한 존재가 아니라 감상자와의 상호작용을 통해 새로운 의미와 가치를 창출하는 과정에 참여한다는 것을 의미한다.

명화감상을 통한 치유

미술치료사 로이터리쯔(Leuteritz)는 명화감상과 관련한 치유의 가능성을 언급한 학자이다. 그는 "예술을 인지하고 의식적으로 대면하는 것이 치유의 과정이 된다"고 말했다. 예술은 언어의 제약을 넘어서 직관적이고 시각적인 방법으로 우리에게 감정을 전달하는 강력한 매체다. 그는 이러한 예술작품인 명화를 직면하고 의식적으로 체험하는 과정이 치유를 이루는 데 중요하다고 주장했다. 감상자가 명화를 주의 깊게 관찰하고 명화에 담긴 감정과 메시지를 수용하며 그것과의 대화로 상호작용하는 과정에서 감상자는 자신의 내면에 깊숙이 숨어있는 감정과 생각을 탐색하면서 이해하게 되는데, 이러한 과정이 정서적인 회복과 성장을 돕는다고 보았다.

명화감상을 통한 치유 요인은 다음과 같다.

첫째, 위로와 감동을 준다.

철학자 하르트만(Hartman)은 명화가 존속하는 이유는 사람들에게 두고
두고 용기를 북돋아 주고 감동을 주기 때문이라고 말했다.[15] 명화는 강렬한 감
정과 아름다움을 담아내기 때문에 감상자의 감성을 자극한다. 감동한다는 것은
내 안에 강렬한 느낌이 일어나는 것이다. 감동은 우리를 감정적으로 풍요롭게
만들어 살아있는 느낌을 주고, 우리 안에 잠재된 감정과 역량을 깨우칠 기회를
제공한다. 이러한 감동으로 감상자가 화가와 심리적으로 하나가 되는 상태가
되면 명화는 감상자의 '심리적 피난처[16]'가 된다.

둘째, 카타르시스를 제공한다.

우리는 종종 일상생활에서 감정을 억누르거나 억압하는 경우가 있고 이
렇게 억압된 감정은 우리 내부에 쌓인다. 카타르시스는 이러한 억압된 감정
이 표출되는 것으로 이는 대부분 강렬한 정서적 경험을 통해 일어난다. 예술작
품이 감상자에게 정서적 해방감과 자기 정화 기능을 준다는 아리스토텔레스
(Aristoteles)의 카타르시스 이론은 잘 알려져 있다. 명화 속 주인공의 비극적인
상황이나 감정적 고난은 우리가 겪을 수 있는 다양한 감정과 상황을 나타내기
때문에 이에 공감하면서 감정을 표출할 수 있다. 이렇게 감정을 표출하면 정서
적인 부담감이 경감되며 정서적인 균형을 회복하는 데 도움이 된다.

셋째, 자기 이해를 돕는다.

명화는 화가가 인간의 다양하고 복잡한 삶이나 심리 상태를 그림으로 표
현한 것이다. 이러한 명화는 감상자에게 심리적인 거울이 된다. 명화에 나타난

---

15 Hartman, N. (1987/2012). 미학이란 무엇인가(김성윤 역). 서울: 동서문화사.
16 정여주(2021). 명화감상 미술치료. 서울:학지사.

인물의 표정·색채·구도·분위기 등은 감상자의 감성적인 반응을 유발하여 과거의 경험·상처·감정을 다시 경험하면서 자신의 무의식적인 감정과 마주한다. 모호했던 자신의 감정이나 심리적 역동을 발견하고 자신의 감정을 명확하게 인식하면서 자신을 이해하게 된다.

넷째, 타인 이해를 돕는다.

명화는 미적 요소뿐만 아니라 인간의 삶과 사회적인 관계 등을 그림으로 나타낸 것이다. 감상자는 명화 속 인물의 행동·표정·관계 등을 통해 인간의 다양한 감정과 욕망을 체험한다. 감상자는 다른 사람이 겪는 감정을 이해하고 공감하면서 서로 다른 경험과 시선을 만나게 된다. 이러한 '관계 속의 자아[17]'를 깨닫게 되면서 타인을 이해하고 우리가 사는 세계를 더 잘 이해하게 된다.

다섯째, 창조적 역할을 한다.

화가는 자신만의 독특한 시각과 세계관으로 상상력과 창의력을 발휘하여 작품을 창작한다. 감상자는 화가의 시선을 통해 그들이 제시하는 독특한 세계관을 경험하면서 세상을 바라볼 수 있다. 이는 감상자에게 이전에 경험하지 못한 세계를 보여주어 자신의 선입견이나 편견을 깨고 새로운 관점을 받아들이게 한다. 이러한 경험은 감상자의 사고방식을 다양화하고 새로운 아이디어와 가능성을 발견하게 한다. 또한 감상자의 관점과 경험을 풍부하게 만들어 성장과 변화를 이끈다.

여섯째, 몰입을 통한 즐거움을 준다.

감상자는 명화를 통해 내면에서 생성되는 느낌에 집중했을 때 명화

---

17   김명신(2003). 미술작품 감상을 통한 미술치료의 연구. 숙명여자대학교 석사학위논문.

와 일치하는 '몰입'을 경험한다. 이러한 경험은 감상자가 현실에서 벗어나 완전히 현재의 순간에 몰입하는 것과 같다. 긍정심리학자인 칙센트미하이(Csikszentmihalyi)는 이러한 몰입 경험이 행복을 가져다준다[18]고 주장했다. 몰입은 현재의 경험에 완전히 몰두하는 상태로 시간이 멈춘 듯한 느낌을 주며 내면의 조화와 흐름을 경험하게 한다. 이러한 경험은 감상자의 상상력을 자극해 자신만의 독특한 시각으로 세상을 바라보도록 돕는다. 즉 감상자가 명화를 감상하며 몰입하는 순간은 일상에서 벗어나 특별한 경험을 하는 것을 의미한다. 이는 즐거움과 만족감을 제공하며 감상자의 삶에 긍정적인 영향을 미친다.

명화감상 미술치료

미술의 언어적 기능

미술은 자연이나 인간의 삶·감정·상상 등을 시각적인 형태로 표현하는 예술이다. 사람들은 문자를 사용하기 이전부터 미술을 이용하여 자신들의 생각과 경험을 전달했다. 미술이 언어의 기능, 즉 표현의 기능을 한 것이다. 이는 구석기 시대 동굴벽화에서 엿볼 수 있다. 동굴벽화는 사물·동물·사냥·축제 등 그 시대 사람들의 생활과 관련된 이야기를 담고 있다. 그림으로 표현된 이야기는 사람들에게 감정을 전달하며 소통을 도모했음을 알 수 있다.

이 외에도 약 18개월~3세의 유아들은 특별한 교육 없이도 미술의 한 형태인 낙서를 시작한다. 낙서는 발달 과정의 한 부분으로 인간이 양육자의 언어

18　Csikszentmihalyi(2021). 몰입의 즐거움(이희재 역). 서울: 해냄.

를 모방하면서 단어로 말하다가 점차 문장으로 말하게 되는 것과 마찬가지로 본능적으로 갖추게 되는 것 중 하나다. 즉 미술은 일부 천재들의 것이 아닌 일상적인 삶의 방식이었으며 언어의 보편적 도구로 존재해왔다. 미술이 인간 삶에서 보편적 표현 도구로 쓰인 이유는 미술로 표현하는 것이 인간의 다양한 '정서'이기 때문이다.[19] 화가 베이컨(Bacon)이 "말로 할 수 있다면 왜 그림을 그리겠는가?"라고 말한 것처럼 인간의 다양한 정서는 언어로는 충분히 표현하기 어렵거나 한계를 가진다. 반면 미술의 상징적이고 은유적인 형태는 위협적이고 고통스러운 정서를 '담아내는 그릇'[20]의 역할을 하기에 인간의 감정은 언어보다 이미지를 사용하면 좀 더 쉽게 표현된다. 예를 들어 어두운 색상과 비틀어진 형태는 불안과 불편을 나타낼 수 있고 강렬한 색상과 날카로운 선은 분노나 고통을 전달할 수 있다. 이렇게 상징적이고 은유적인 형태는 이미지를 사용함으로써 복잡한 감정을 담을 수 있다. 철학자 퐁티(Ponty) 또한 미술을 '말 없는 언어'라고 말했다. 즉 감정은 미술을 통해 더 직관적이고 생동감 있게 전달할 수 있다고 본 것이다.

미술치료

미술치료는 '미술'과 '치료'라는 두 영역의 만남이다. 예술적인 활동인 미술을 통해 심리적인 치유와 성장을 도모하며 심리적 어려움을 완화하거나 예방하는 심리치료의 한 분야다. 미술치료는 활용 목적과 이론적 배경에 따라 크게 의료영역과 비의료영역으로 나눌 수 있다. 의료영역의 미술치료가 병리적 상황에 맞추어 적용된다면, 비의료영역의 미술치료는 '미술치유'라는 명칭으로 활용되며 이는 일반인을 대상으로 문제를 미리 방지하는 예방적 차원의 접근으로 실시된다.

20세기에 들어 심리학과 정신의학의 발전은 미술이 '무의식'과 관련되며

---

19   허소임(2020). 언어로서의 미술. 서울여자대학교 박사학위논문.
20   Wadeson, H. (2008). 미술심리치료학(장연집 역). 서울:시그마프레스.

미술표현이 인간의 복잡한 내면세계를 이해할 수 있는 길이 됨을 입증했다. 무의식은 우리가 의식하지 못하고 내면에 숨어있는 생각·욕구·기억·감정 등으로 우리의 행동과 경험에 영향을 미친다. 심리학자 프로이트(Freud)는 미술이 무의식으로 억압되고 갈등을 빚어온 욕구를 표출하는 역할을 하여 내면을 충족하게 한다고 말했다. 심리학자 융(Jung)은 미술활동 과정 자체가 무의식을 표출하고 의식의 균형을 이루기 위한 치유 과정이라고 말했다. 미술치료사 크레이머(Kramer) 또한 미술이 인류가 존재해 온 이래로 갈등을 해소하는 데 도움을 주었다고 확신했고, "모든 미술은 치료적이다[21]"라고 주장하며 미술의 창작과정에서 발생하는 치유력에 대한 믿음을 가졌다. 즉 미술치료의 창작과정은 우리가 의식하지 못했던 내면의 요소들을 시각적으로 구체화하고 외부로 표현함으로써 무의식의 영역과 의식의 영역 간의 균형을 이루는 데 도움을 준다. 이는 우리의 정신적인 치유와 조화를 이루는 과정으로 작용한다.

특히 미술 매체를 통한 신체적인 자극은 우리의 감각기관과 신체 부위를 활성화한다. 그림을 그리거나 조각을 만드는 등 무엇인가를 만드는 창조적 활동은 뇌의 지각 및 감각경험의 신경을 활성화하여 정서를 표현하고 해소하는 데 도움을 준다. 색상·선의 표현·형태 등은 우리의 감정을 시각적으로 나타낼 수 있는 도구다. 우리는 미술활동을 통해 자신의 내면 이미지를 형상화하고 표현하면서 억압된 감정이나 분노 등을 표출할 수 있다. 프로이트(Freud)는 충족되지 않는 소망은 창조를 통해서 해소할 수 있다고 말했다. 이러한 예술적 행위는 무의식적으로 억압된 욕구들을 사회적으로 승인된 방식으로 표출하는 것이다. 우리의 공격적인 에너지를 중화하고 우리가 겪는 좌절과 어려움을 극복하는 데 도움을 준다.

또한 미술활동을 하는 동안 우리는 자신의 감정이나 생각을 솔직하게 표현하고 그것과 대면하면서 자신을 되돌아보게 된다. 우리가 자신의 감정을 미술작품으로 표현하면 그 작품은 우리로부터 독립된 형태로 존재한다. 작품과

---

21 Kramer, E. (2007/2021). 치료로서의 미술(이동영, 김현희 역). 서울: 아트앤하트글로벌.

거리두기를 하면서 자신의 문제나 감정을 간접적으로 바라볼 수 있다. 감정적으로 압도되지 않으면서 자신의 문제를 다른 시각에서 바라볼 수 있게 되는 것이다. 미술치료사이자 정신의학자인 루빈(Rubin)도 미술의 이미지를 통해 통찰을 얻을 수 있으며 궁극적으로 자아의 힘이 강해진다고 말했다. 스스로 작품을 들여다보며 두려움을 주었던 충동이나 생각 및 회상 등을 이해하고 잡아주는 것이다. 이는 자기 이해와 개인의 성장을 돕는다. 즉 미술치료는 아픈 사람을 치료하는 것에 초점을 두는 것이 아니라 인간의 잠재력과 성장 가능성을 재발견하는 것에 의의가 있다.

집단미술치료

집단미술치료는 미술치료에 집단상담의 특성을 결합한 것이다.

집단상담은 심리적인 문제가 심각하지 않은 사람들이 모여 상담자와 함께하는 활동이다. 이 활동은 사람이란 상대방과 상호작용하는 가운데 발전하는 존재라는 생각을 기초로 한다. 우리는 상호작용을 통해 다른 사람들과 소통하고 서로 영감을 주고받으며 서로의 생각과 감정을 이해한다. 심리학자 얄롬(Yalom)도 서로를 일으켜 세우는 상호작용은 집단이라는 맥락 안에서 강력하게 발생한다고 보았다. 베일스(Bales) 또한 40년간 수많은 집단의 상호작용을 관찰한 결과, 집단구성원은 사회적·정서적인 상호작용을 통해 서로 친해지고 믿음과 신뢰를 형성할 수 있으며 이러한 상호작용은 치료와 유사한 효과를 가져올 수 있다는 것을 발견했다.

명화감상 집단미술치료에서 집단구성원은 명화를 감상 후 이를 통해 자극받은 자신의 감정·기억·경험 등을 미술작품으로 표현한다. 화가가 작업 과정에서 자신의 작품과 씨름하고 대화하는 과정을 경험하듯이 집단구성원은 작품을 통해 자신과 비언어적 의사소통을 시도한다. 이러한 활동으로 집단구성원은 감상자의 역할과 화가의 몫을 동시에 경험할 수 있다.[22] 또한 자신의 미술작품을 다른 집단 구성원에게 보여주고 미술작품에 투사된 자신의 경험이나 마음을 설명하며 이에 대해 서로 대화를 나누면서 소통한다. 언어로 직접 자신의 마음을 표현하는 것은 때로 불편하고 어려울 수 있으나 미술작품으로 자신의 마음을 나누는 것은 자신에 대해 이야기하는 것이 아니라 미술작품에 나타난 자신을 표현하는 것이므로 안전하다고 느끼며 자신을 방어한다. 미술에 나타난 상징이나 은유적 표현은 언어보다 풍부한 의미를 담고 있어 다양한 해석의 여지를 제공하며 시각적으로 감정을 공유하는 것이므로 다른 구성원의 공감을 끌어내기도 유리하다. 이를 통해 집단구성원은 미술작품을 매개로 이야기를 나누면서 서로 감정과 어려움에 공감하고 이해하면서 친밀감을 형성하고 지지하는 환경을 만들 수 있다.

미술치료를 통한 창의적 삶

진화예술학자인 디사나야케(Dissanayake)는 예술 활동을 하며 살아가는 인간을 '미학적 인간'(Homo Aesthethicus)이라 칭했다.[23] 이 개념은 예술이 인간의 존재와 긴밀하게 연결되어 있으며 예술을 통해 우리의 삶이 풍요로워지고 감정적 충족과 성장을 이룬다는 의미다. 그는 이러한 미학적 인간의 욕구가 놀이·먹기 등과 같은 '기분 좋아짐'이라고 말하며, 이 욕구를 충족하기 위해 특별화하기[24](Making Special)라는 예술 행동을 한다고 주장한다. 이렇게 기분이 좋아지는 예술 활동은 "즐거움이 있는 곳은 어디나 창조가 있다."고 말한 철학자 베르그송(Bergson)의 말에서 알 수 있듯이 창의성과 연관이 있다. 창의성은 특별한 재능을 가진 사람들만이 가질 수 있는 것이 아닌 인간의 잠재된 능력이다. 심리학자 메이(May) 또한 창의성을 자기실현을 위한 인간의 가장 기본적

22   정여주(2021). 앞의 글.
23   Dissnayake, E(2016). 미학적 인간(김한영 역). 고양: 연암서가.
24   허소임(2020). 앞의 글.

인 욕구로 보았다. 창의성은 삶을 변화시킬 수 있는 에너지를 가지므로 창의적 표현을 통해 자신을 탐색하고 발견하면서 인생을 보는 방법이 더욱 진취적으로 변화한다. 이러한 창의적인 경험은 자신의 삶 다른 영역에도 전이된다. 즉 미술활동으로 작품을 창조한다는 것은 과거에 매인 사고나 행동 틀을 변화시키며 새로운 인식과 행동, 즉 새로운 방향 감각을 만들어가는 것으로[25] 자신의 제약을 넘어서 새로움을 시도하는 여정을 말한다.[26]

철학자 니체(Nietzsche)는 인간의 삶 자체를 하나의 예술적 창조로 이해한다. 인간은 타고난 창조자이며 삶 자체가 계속해서 새로운 것을 창조하고 형성해 나가는 예술작용이라고 말한 것이다. 즉 삶을 단순히 일상적인 활동으로 생각하는 것이 아니라 창조적인 과정으로 이해하였다. 삶의 자기표현은 예술이며 모든 인간은 그 본성에 있어서 누구나 예술가인 동시에 예술품이라 보는 것이다. 니체는 이러한 예술적 창조 활동을 통해 인간은 상상력과 창의력을 발휘하여 새로운 가능성을 탐색하고 현실을 변화하여 자신을 초월하고 더 높은 수준의 존재로 성장할 수 있다고 믿었다.

예술적 삶이라 하면 예술가들에게만 해당하는 이야기고 평범한 일반인들과는 다소 거리가 멀다고 생각할 수 있다. 하지만 화가 보이스(Beuys)가 "창의적인 활동을 하는 모든 사람은 예술가다."라고 말했듯이 '경험으로서의 예술'을 주장한 철학자이자 교육자인 듀이(Dewey)에 따르면 우리는 세상과 상호작용하며 경험을 얻고 이를 바탕으로 세상을 재구성한다. 따라서 하나의 경험으로서 명화를 감상하거나 그것을 바탕으로 그림을 그릴 때의 경험 역시 예술적 삶이라 할 수 있다. 즉 일상이 예술로 들어오고 예술이 일상으로 들어와 이루어지는 하나의 경험이 바로 '경험으로서의 예술'이 추구하는 것이다.[27]

---

25   정여주(2016). 앞의 글.

26   김애자(2012). 낙서화에 나타난 미술치료적 의미. 한양대학교 석사학위논문.

27   김진엽(2000). 존 듀이의 비평이론. 한국조형예술학회. 2(0), 222-238.

명화감상 미술치료 프로그램

프로그램에 참여한 전입신병

명화감상 미술치료 프로그램에 참여한 전입신병은 9명이다. 이 프로그램은 자대 배치를 받은 지 3개월 미만의 전입신병 전체를 대상으로 했고, 부적응 병사와 일반병사를 구분하지 않았다. 프로그램을 진행하기로 계획한 날로부터 가장 가까운 시기에 자대에 배치된 병사들 중 자발적으로 신청한 인원으로 구성했다. 혹여나 군의 특수성으로 인해 병사들이 강제적인 참여가 이루어지지 않도록, 프로그램 진행 도중이라도 병사가 원한다면 언제든지 중단할 수 있도록 지휘관과 간부들에게 협조를 요청했다.

전입신병은 대부분 20~21살로 자대 전입한 지 2주에서 6주가 되었으며 현재까지 지휘관이 관찰한 결과 성격이나 성향상 정도의 차이는 있으나 군생활 적응 여부에 특이사항은 없는 상태였다. 나는 오리엔테이션 시간에 군생활 적응에 어떠한 어려움이 있으며 그 원인이 무엇인지 알아보았다. 군생활 적응의 어려움으로는 대인관계가 7명으로 가장 많았으며 스트레스 3명, 불안 3명, 부정적 사고 1명, 우울 1명으로 나타났다. 그 원인에 대해서는 상하관계가 7명으로 가장 많았으며 낮은 자아존중감 1명, 자신의 부족함 1명, 사회와의 단절이 1명으로 나타났다. 즉 전입신병은 대인관계에 가장 어려움을 느끼며 그중 상하관계가 가장 힘들다는 것을 알 수 있었다.

개요 및 목표

명화감상 미술치료 프로그램은 전입신병 9명을 대상으로 2021년 11월 ~12월, 주 2회, 총 10회, 120분, OO 부대 다목적실에서 진행되었다. 프로그램의 목표는 전입신병 간 공감과 지지를 통해 공동체의식을 함양하여 그들의 심리적인 어려움을 해결하고 군생활 적응을 유도하는 것이다. 프로그램의 목표는 [그림 11]과 같다.

[그림 11] 프로그램 목표

첫째, 심리적·정서적 갈등을 안전하게 표출함으로써 부정적인 정서를 완화하고 긍정적인 정서를 강화한다.

둘째, 자기의 경험을 탐색하고 의미를 찾아가며 자기성찰을 한다.

셋째, 전입신병 간 상호작용을 통해 타인을 이해하고 수용하여 상호지지를 경험한다.

넷째, 내적 자원을 발견함으로써 자기 지지의 힘을 키운다.

절차

각 회기의 진행 단계는 [그림 12]와 같이 도입, 감상, 미술활동, 나눔, 정리의 5단계로 진행되었으며 도입 5분, 명화감상 15분, 미술활동 30분, 나눔 40분, 명화 소개 5분, 정리 5분 정도로 시간을 배정했다.

[그림 12] 프로그램 절차

첫째, 도입 단계에서는 전입신병의 현재 상태와 기분 등 개인적인 일들에 대한 의견을 나누는 시간을 가짐으로써 긴장을 풀고 편안하게 참여할 수 있는 분위기를 조성했다.

둘째, 명화감상 단계에서는 각 회기 주제에 적합한 명화를 감상하고 느낀 점을 간단하게 표현했다. 화가의 소개보다는 명화에 집중하여 감상하도록 유도했다.

셋째, 미술활동 단계에서는 명화감상 후 그와 관련된 주제로 각자 자신의 창의적인 미술활동으로 이루어졌다.

넷째, 나눔 단계에서는 자신의 미술작품에 대한 설명과 함께 다른 동기들의 작품에 대한 감상과 피드백이 이루어졌다.

다섯째, 명화 소개 단계에서 연구자는 화가, 생애, 제목, 작품 배경 등을 간단히 설명했다.

여섯째, 정리 단계에서는 활동에 대한 전체적인 소감을 나누고 느낀 것들을 돌아보며 소감문을 작성했다.

명화 소개와 선정 이유

명화는 '주제와의 적합성', '연구참여자의 특성', '명화의 예술성', '미술활동과의 연결 가능성'을 염두에 두고 선정했다.

[표 3] 명화 선정 이유

회기	주제	명화	내용
1	나를 소개해요		자화상은 자신의 모습·성격·감정 등이 드러나 자신의 내면을 조명할 수 있다. 화가가 전입신병 나이와 비슷한 20대에 그린 다양한 표정의 자화상을 감상하며 마음에 끌리는 자화상을 골라 자신을 탐색한다.
2	나, 이런 사람이야		낙서는 특별한 목적이나 규칙 없이 자유롭게 그리기에 무의식이 표출된다. 낙서화를 그린 화가의 작품 중 인물이 들어간 명화를 선택하여 자신을 자유롭게 표현한다.
3	내멋대로 난화		액션페인팅이나 선으로 자유롭게 그린 화가의 작품을 따라 하며 긴장 이완을 돕는다. 액션페인팅의 유희적인 요소는 어떤 외적 결과를 실현하기 위해서가 아니라 활동 그 자체의 흥미 때문에 일어나며 이에 따라 심신이 자유로워진다.

회기	주제	명화	내용
4	내 감정이 보이니?		색채는 인간의 기억이나 감정과 연결되어 정서에 영향을 미치며 색에 대한 연상은 개인의 독특한 심상이 반영된다. 색채를 중시한 화가의 작품으로 자신의 감정을 표현한다.
5	긍정적인 영향을 준 사람		사다리는 더 높은 단계로 나아가는 것을 상징하며 자기완성이나 깨달음을 의미한다. 전입신병 나이인 20대 초반은 성장 욕구가 많은 시기로 동기들과 함께 '꿈꾸는 공간'을 만들면서 자신만의 사다리를 통해 강점을 탐색한다.
6	너와 나의 희망 연결		작품 속 인물과 암소의 형상을 통해 관계를 의인화하여 자신에게 긍정적인 영향을 미친 존재의 의미에 대해 알아본다.
7	간직하고 싶은 나, 버리고 싶은 나		가면 뒤에 숨겨진 현대인의 불안을 함께 보여주는 작품과 가면 활동을 통해 자신의 이중적인 모습을 알아보고 이러한 자신의 모습을 수용하도록 돕는다.

회기	주제	명화	내용
8	서로의 장점 찾아주기		나무는 자아의 변화와 성장을 나타내는 상징 중의 하나로 자아상, 마음 상태, 에너지, 정신적 성숙도를 나타낸다. 자신의 나무를 그려보며 자기 이해를 돕는다.
9	내 꿈을 키워요		등을 돌려 얼굴이 보이지 않는 인물은 보는 사람의 모든 감정을 포용하며 그림 전체를 장악하는 느낌이 든다. 작품 속 인물이 미래의 자신이 되어 미래를 계획한다.
10	통하는 우리		회기를 종료하면서 소통을 강조하는 화가의 작품이미지를 활용하여 공동작품을 만들며 공동체 의식을 갖도록 돕는다.

프로그램 안

[표 4] 명화감상 미술활동 프로그램

단계 목표	회 기	제목	회기목표	활동내용	명화	
라포 형성 · 자기 탐색	1	나를 소개 해요	· 자기개방	· 다양한 명화(자화상) 감상 후 끌리는 작품을 골라 자화상 그리기 · 별칭 짓고 자기소개하기	고흐, 피카소, 렘브란트, 바스키아, 쿠르베 뒤러	
					동일한 주제로 표현하기	
	2	나, 이런 사람이야	· 친밀감 형성 · 자기탐색 · 자기개방 · 흥미유발 · 긴장이완	핸드폰 셀카 중 자신이 가장 마음에 드는 사진을 고른 후 잡지에서 상징물 (내가 좋아하는 것이나 관심 있는 것, 자신을 나타낼 수 있는 것)을 오려 나의 사진과 함께 꾸며보기	바스키아 '무제'	
					동일한 기법으로 표현하기	
라포 형성 · 자기 탐색	3	내멋대로 난화 (2인 1조)	· 친밀감 형성 · 무의식 탐색 · 흥미유발 · 긴장이완 · 창의성 자극	2인 1조로 난화 상호이야기기법을 활용하여 난화를 그린 후 난화 속 연상물을 찾아 이야기 꾸미기	잭슨 폴락 '무제' 칸딘스키 '구성'	
					동일한 기법으로 표현하기	

단계 목표	회 기	제목	회기목표	활동내용	명화
	4	내 감정이 보이니	·감정인식 ·감정표출 ·다양한 감정이해	색으로 표현한 명화 감상 후 평소 느끼는 감정을 색과 연결하여 표현하기	마크 로스코 '무제' 동일한 주제로 표현하기
자기 이해 · 타인 이해 · 상호 관계 형성	5	긍정적인 영향을 준 존재 (3인 1조)	·관계 탐색 ·지지의 중요성 회고 ·긍정감정 인식	·자신의 삶에 긍정적인 영향을 준 존재를 표현하기 ·구성원의 옆모습을 그려주며 공동활동하기	샤갈 '나와 마을' 동일한 주제, 모티브로 표현하기
	6	너와 나의 희망 연결 (4인 1조)	·유대감, 친밀감형성 ·적절한 자기주장 촉진 ·타인 의견 존중 ·자신의 강점 발견	·3~4인 1조로 우리가 꿈꾸는 도시나 마을을 만들면서 공동활동 하기 ·명화 안 사다리를 모티브로 쿠킹호일이나 나무젓가락, 수수깡으로 나만의 사다리를 만들며 꿈꾸는 도시를 향해 나아가기 위한 자기 강점 찾아보기	오키프 '달로 가는 사다리' 동일한 모티브로 표현하기
	7	간직하고 싶은 나, 버리고 싶은 나	·페르소나 및 그림자 이해 ·욕구 탐색 ·자신의 내외적 가치 이해	남에게 보여주고 싶은 나의 모습과 보이고 싶지 않은 나의 모습을 가면의 안과 밖에 표현하가	쩡판즈 '가면 시리즈' 동일한 주제, 모티브로 표현하기

단계 목표	회 기	제목	회기목표	활동내용	명화
자기 이해 · 타인 이해 · 상호 관계 형성	8	장점 찾아 주기	· 구성원 간 긍정적 지지 나누기 · 친밀감 증진 · 자아존중감 향상 · 개인의 자원 인식	· 나만의 나무를 꾸민 후 옆으로 그림을 돌려가며 구성원의 장점 찾아 칭찬열매 달아주기 · 구성원이 써 준 장점을 읽으며 나의 장점 찾기	클림트 '생명의 나무' 동일한 모티브로 표현하기
공동체 의식 · 긍정 적인 미래상 형성	9	내 꿈을 키워요	· 긍정적 자아상 고취 · 자기 격려 · 삶의 목표 잡기 · 자신감 향상	· 편집된 명화로 미래의 나의 모습 표현하기 · 자신이 미래에 이루고 싶은 소망 표현하기	프리드 리히 '안개낀 바다위의 방랑자' 편집된 명화로 표현하기
	10	통하는 우리 (공동 작업)	· 공동체 의식 함양 · 집단 친화력 향상 · 상호존중감 향상 · 정서적 지지	· 자신의 팔을 본떠 오린 종이에 회기를 마치며 하고 싶은 말을 적은 후 공동작품 만들기 · 공동작업을 통해 변화된 자신을 이야기하고 구성원에게 서로 감사하는 시간을 가지며 정리하기	키스 해링 '무제' 명화에 내용 첨가 하기

전입신병들의
아홉 가지
이야기

다크템플러: 마음이 따뜻하고 친절한 A

프로그램 첫 시간 병사들은 긴장된 모습이 역력했으며 함께 참여한 동기 간에도 어색한 기류가 돌았다. 내가 닉네임을 정하자 할 때 A는 가장 먼저 자신을 '다크템플러'라고 불러달라고 말했다. 이 닉네임이 '어둠 속을 배회하는 사람'이라는 뜻이라고 하자 동기들의 웃음이 터졌고 A 덕분에 서먹했던 분위기가 조금 풀어졌다. A는 군생활 적응의 어려움을 '대인관계', '부정적 사고', '스트레스'로, 그 원인을 '상하관계'라고 말했다.

선임들과 잘 지내기가 힘듭니다

명화

작품

"어린 아이가 아무 생각 없이 한 낙서같지는 않았습니다. 제 마음과 비슷해 보여서 골랐습니다. 복잡다단하고 오묘한 심정입니다. 형태를 알아볼 수 없는. 저는 새벽 4시 52분 불침번을 서고 있습니다. 졸린데 자면 안 돼서 눈 뜨고 있는 척합니다. 몸에 빨간색을 칠한 이유는 선임에게 혼이 많이 나서 마음에 상처가 많기 때문입니다. 사실 불침번만 힘든 것은 아닌데 다른 것도 힘들어한다는 소문이 나면 선임들한테 또 혼날 수 있어서. (웃음)"

A의 작품을 살펴보면, 공허한 눈과 부자연스러운 표정에서 긴장감이 높고 주체적인 역할을 하지 못하는 것을 알 수 있다. 바탕 전체를 검은색으로 칠했는데, 검은색은 슬픔·불안·좌절·저항감을 상징하는 색이다. 바탕의 검은색과 피의 빨간색이 극명한 대비를 보이면서 고통스럽고 힘든 상황이 잘 드러난다. A는 소감문에서 여러 자화상을 보면서 웃고 있는 명화보다 슬픈 표정의 명화가 많아 자신만 우울한 것이 아니라는 생각에 위로를 받았다고 했다. 또한 동기들의 이야기를 들으니 모두 자신과 같은 심정이라는 것이 위안이 되었다고 했다.

여자친구가 가장 많이 생각납니다

명화

작품

"여자친구 생각이 가장 많이 나서 저와 여자친구를 겹쳐서 그리고 가운데 '보고 싶다'라고 썼습니다. 눈을 감고 있는 모습은 자기 전에 여자친구를 떠올리는 저의 모습을 표현했습니다. 솔직히 지금은 온통 여자친구 생각만 납니다. 불침번을 설 때도 여자친구를 생각하면서 기운을 내고 개인정비시간에 여자친구랑 매일 통화하는 게 위로가 많이 됩니다. 군대에 가면 엄마 생각이 많이 날 줄 알았는데. (웃음)"

"그런데 한편으로 솔직히 '왜 나만 이렇게 힘들어야 하나?'라는 생각이 들기도 합니다. 여자친구가 부러운 마음이 듭니다. 고통을 나누고 싶다가도 쉬운 일이 아니니까, 여자친구까지 힘들게 하고 싶지는 않습니다. 하지만 가끔 얄미워서 연락하고 싶지 않을 때가 있습니다."

A의 작품을 살펴보면, 여자친구와 가깝게 겹쳐 그려 여자친구에 대한 그리움이 크고 여자친구 생각이 군생활을 하는 데 많은 위안이 된다고 느껴진다. 반면 여자친구밖에 생각나지 않는다고 하면서도 여자친구는 편하게 생활하는 데 자신만 힘든 게 억울하게 느껴지기도 한다며 양가감정이 일어난다고 이야기했다. 동기들은 A의 이러한 마음에 모두 여자들 또한 군생활을 해봐야 자신들이 얼마나 힘든지 이해할 수 있다며 A의 말에 공감했다.

동기와 함께 이야기를 만들면서 즐거웠습니다

A는 I와 한 팀을 이루었다. 둘이 함께 낙서하듯이 선을 그린 후 선 속에서 모양을 찾고 그 모양을 오린 후 작품으로 만들면서 이야기를 꾸몄다.

| 명화 | 작품 |

〈A와 I의 난화이야기〉
모양: 리본, 고구마, 감자, 뱀, 낫
리본을 좋아하는 한 소년이 있었다. 그 소년은 병든 부모님을 대신하여 고구마, 감자를 캐며 집안에 작게나마 보탬을 주었다. 하지만 그 고구마와 감자는 뱀이 가장 좋아하는 것들이었다. 뱀은 화가 나 있었고 또 다시 일을 하러 온 소년을 보고 화를 참지 못하고 소년을 물었다. 결국 소년의 몸에 독이 퍼져 죽게 되었고 쓰러져 있던 소년을 보던 뱀은 '아, 내가 조금만 양보했더라면, 화를 참았더라면 이런 일이 일어나지 않았을텐데'라며 후회를 하게 되었다.

A는 I는 깔깔대며 누가 먼저라 할 것도 없이 적극적으로 이야기를 꾸미며 즐거워했다. 반면 A와 I의 이야기 속에는 '이렇게 하지 않았으면 좋았을 것'이라는 후회, 반성의 서사가 보여 현재 만족스럽지 못한 상황을 보여준다. A는 소감문에서 아무렇게나 표현하는 미술활동을 통해 미술이 재미있다는 것을 처음으로 느꼈다고 했다. 처음에 선을 그릴 때 흐트러지고 막 그린 그림 같아 보였는데 동기와 함께 상상력을 발휘하여 이야기를 만드니 새로운 그림으로 보여 신기했다고 말했다.

군생활하면서 항상 웃었으면 합니다

명화	작품

"내가 보이고 싶은 모습을 가면에 나타낼 때 색을 다양하게 쓰고 싶지 않아 제가 가장 좋아하는 검은색으로 간단하게 그렸습니다. 군에서는 항상 긴장하고 있기 때문에 거짓 웃음을 짓고 있어야 합니다. 진심으로 웃을 일은 동기들 만나는 것 빼고는 없기 때문에 웃는 입에 집중하여 표현했습니다. 동기분 아니라 다른 사람들과 있을 때도 진심으로 웃을 수 있기를 희망합니다."

A의 작품을 살펴보면, 초기의 경직된 사각형 입에서 입꼬리가 올라가 웃는 입으로 변화한 것을 볼 수 있다. 초기의 입이 긴장하는 입이라면, 중기의 입은 파안대소하는 웃음으로 보인다. 또한 가장 좋아하는 색을 검은색이라고 말하면서 다른 색을 쓰지 않고 자신이 선호하는 검은색에 집중하여 표현함으로써 명료한 감정이 잘 드러난다. 검은색은 부정적인 의미를 나타내기도 하지만 엄숙하면서도 힘과 권력을 느끼게 하고 10, 20대들이 세련되었다고 인식하며 선

호하는 색이다. A는 소감문에서 가면을 쓴 명화를 보면서 내가 숨기고 있는 모습을 생각해보게 되었고 앞뒤가 같은 사람이 되고 싶으며 내가 남에게 보이고 싶은 방향으로 노력해야겠다는 생각이 들었다고 했다.

문득 아버지가 떠올랐습니다

명화	작품

"미래를 생각해보려 했는데 전역하는 것밖에 떠오르는 것이 없어서 그리기 어려웠습니다. 명화에서 주인공이 산 위에 올라간 것을 보니 문득 아버지랑 등산 간 기억이 나서 아버지와 함께였던 상황을 표현했습니다. 그때는 아버지가 앞에 계셨는데 제가 그린 그림에서는 저를 앞에 그리고 뒤에 아버지가 저를 바라보는 모습을 그려봤습니다."

A의 작품을 살펴보면, 예전에 아빠와 등산 갔던 시간을 호명했다. 그 당시 아빠가 자신의 앞에 계셨지만, 작품에서는 자신을 앞쪽에 배치함으로써 이제는 자신이 주도하고자 하는 의지가 보인다. A의 검은색은 초기의 은폐하고 우울한 색이 아니라 힘의 상징이자 멋의 상징으로 볼 수 있다. A는 소감문에서 명화를 보면서 뭔가 다 이룬 듯한 명화 속 남자가 부러워 자신도 저런 위치에 있고 싶다는 마음이 들었다고 했다.

동기들이 저를 인정해주니 눈물이 났습니다

명화

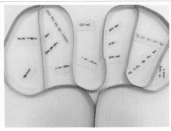

작품

A의 작품을 살펴보면, 밝은색을 쓰지 않았던 초·중반에 비해 금색을 사용함으로써 색채의 변화가 보였다. 금색은 태양의 색이며 빛과 깨우침의 상징으로, A가 긍정적으로 변화함을 알 수 있다. 동기들의 장점을 찾아주는 시간에 A는 동기들로부터 '착하다, 주변을 잘 챙긴다, 대화를 재미있게 이끌어간다, 친절하다, 힘든 일이 있어도 굴하지 않는다'라는 호평을 들었다. 특히 C가 A에게 '힘든 일이 있어도 굴하지 않는다'라는 말을 한 것에 A가 그 이유를 의아해하자 C는 A가 자대 배치 초반기에 선임과 어려움을 겪었으나 잘 헤쳐가는 모습을 보았고 자신도 그와 비슷한 일을 겪었기에 A에게 지지를 보낸다고 했다. A는 소감문에서 동기들과 서로를 칭찬해주는 시간이 너무 즐거웠고 자신을 칭찬해준 동기들이 눈물 날 정도로 고맙다고 했다. 또한 자신의 모습을 동기들이 지켜보고 있었으며 그것을 인정해주니 동기들에게 더 잘 대해주어야겠다는 생각이 들었다고 했다.

함께 작품을 만들면서 동기들로부터 힘을 얻었습니다

4~5명이 한 팀이 되어 '꿈꾸는 도시'를 꾸몄다. 또한 '꿈꾸는 도시'로 가기 위한 자신만의 사다리를 만들면서 자신의 강점도 알아보았다. 이 팀은 가운데 군대를 그리고 사다리를 통해 전역 후 '꿈꾸는 도시'로 나아가는 것을 표현했다.

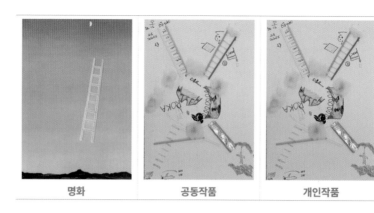

| 명화 | 공동작품 | 개인작품 |

"우리 팀은 가운데 군대를 그리고 사다리를 통해 전역하는 모습을 나타내고자 했습니다. 저는 사다리에 이병 1, 2호봉부터 병장, 왕고까지의 과정을 표현했습니다. 이것을 다 거쳐 얼른 여자친구, 가족, 평범한 일상이 있는 곳으로 향해 달려가고 싶습니다. 오로지 전역하고 싶은 마음뿐이지만 그러기 위해 나의 강점인 친절함으로 다른 사람들에게 잘해주면서 군생활을 버텨야겠다는 생각을 했습니다."

A의 작품을 살펴보면, 자신의 사다리에 이병부터 왕고까지 한 칸 한 칸 올라가는 과정을 표현함으로써 한 단계씩 밟아가며 군생활에 적응하겠다는 의지가 보인다. 반면 프로그램 중기가 지나도 오로지 전역하고 싶은 마음만 든다고 했는데 나의 성격을 있는 그대로 받아 주고 지지해주던 곳으로 돌아가고 싶은 마음이 크다는 것을 알 수 있다. A는 소감문에서 동기들과 함께 미술활동을 하고 이야기를 많이 하다보니 동기들과 같은 마음이며 동기들을 보면서 힘을 얻는다고 했다.

이 프로그램은 나에게 '또 다른 집'이었습니다

이 프로그램은 나에게 '또 다른 집'이었습니다. 왜냐하면 군생활에서 집만큼 편안함을 느꼈기 때문입니다. 군에서 민간인이 된 기분이었습니다. 군에서 내 의견을 말한다거나 같이 의견을 나누는 기회가 없는데 여기서는 무슨 말이든 해도 되어서 편안했습니다. 속 얘기를 많이 할 수 있어서 기분이 좋고 긴장이 줄어들었습니다.

"다크템플러라는 닉네임이 아쉽습니다. 들을 때마다 힘이 빠집니다. (웃음) 다른 걸 정하고 싶습니다. 음... 다른 걸 정한다면 튼튼이? 굳건이? (웃음) 귀엽고 괜찮을 것 같습니다. 다크템플러는 어둡고 우울한 느낌이 별로인 것 같습니다."

A는 추후소감문에서 개인적 변화로는, 관심 없었던 명화가 의외로 흥미로웠으며 이 시간을 통해 예술적 감각이 크게 발전한 것은 아니지만 여러 가지 명화를 보면서 위로를 받았다고 했다. 자신이 그린 미술작품에 자신도 몰랐던 마음이 표현되는 것이 신기했고 군생활에서 억눌려있던 감정을 표현하면서 응어리진 감정들이 해소되었다고 했다. 동기 간 변화로는, 전입 후 동기들과는 PX 외 특별한 만남이 없었고 대면대면 지나쳤는데 동기들의 미술작품을 보며 재미있게 소통해서 즐거웠다고 했다. 또한 동기들의 생각을 공유하고 공감할 수 있어 동기들을 많이 이해하게 되었다고 했다. 지금은 동기들과 더욱 끈끈한 관계가 되어서 군생활은 여전히 힘들지만, 동기들을 보면서 힘을 얻게 돼서 많은 위안이 된다고 했다.

A는 원만하고 친화력이 좋은 성격을 가지고 있었으나, 전입 초기부터 선임에게 지속적이고 부정적인 피드백을 받으면서 긍정적인 자아상에 대한 혼란이 왔다. 이러한 혼란을 해소하지 못하면서 스트레스와 부정적 사고가 점점 가중되었다. 이에 자신을 있는 그대로 지지해주던 가족이나 여자친구를 생각하며 입대 전 일상으로 돌아가고 싶은 마음에 대한 표현이 많았다. A는 1회기부터 적극적으로 선임에 대한 부정적인 마음을 표현했으며, 이러한 표현은 동기들의 충분한 공감과 지지를 받으면서 조금씩 마음이 누그러지기 시작했다. 후기에는 선임들에게 준다면서 내가 제공한 간식 일부를 챙기며 선임들과 잘 지내고자 하는 마음을 보이기도 했다. 마지막 회기 때 아쉬운 점을 묻자, 초반에 '다크템플러'라고 지은 닉네임이 우울해 보인다며 '튼튼이'로 바꾸고 싶다고 말하여 이 시간을 통해 조금씩 마음의 평정을 회복한 것으로 보인다.

CCTV: 힘든 상황을 긍정적으로 승화시키는 B

B가 닉네임 정하는 것을 어려워하자 한 동기가 B의 업무가 CCTV 보는 것이니 'CCTV'가 어떤지 물었고 B 또한 동의했다. B는 군생활 적응의 어려움을 '대인관계'로, 그 원인을 '상하관계'라고 말했다.

실수가 잦아 선임들에게 자주 혼납니다

명화

작품

"제가 실수가 잦아서 항상 눈치만 보고 살다 보니 긴장하고 경직되어 있습니다. 무조건 말을 들어야 하고 혼나면 혼나는대로 그냥 아무 소리 못하고 있어야 합니다. 하지만 제가 잘못해서 혼나는 부분이 많습니다. 억울하지는 않습니다. 명화 속 이미지가 로켓 같아 보여서 로켓을 타고 집에 가고 싶은 간절한 마음을 표현했습니다."

B의 작품을 살펴보면, 아동화의 특성이 보이며 많은 색을 사용하여 다양한 감정을 표현했다. 아동화의 그림은 순수하던 어린 시절의 동심을 떠올리며 심리적인 행복감을 느끼게 한다. 또한 아동화의 '놀이'와 같은 유희성은 흥미를 이끌어 자신의 무의식 속 솔직한 감정표출로 인하여 카타르시스를 느끼게 된다. 앳되고 착해 보이는 B가 실수가 잦아 선임에게 자주 혼난다고 하자 동기들은 예를 들어달라고 했다. B는 업무에 익숙하지 않아 제대로 하지 못해 혼난 이

야기와 생활관에서 물건을 떨어뜨려 선임들 잠을 깨운 얘기 등을 들려주었고 동기들은 자신들 이야기처럼 안타까워했다. 군대라는 곳이 실수가 쉽게 용납되지 않는 분위기인데 실수가 잦다는 것은 그만큼 긴장하고 있다는 것으로 볼 수 있다. 반면 B는 선임에게 혼나는 것을 원망하지 않고 자신이 잘못해서 혼나는 것으로 억울하지 않다고 하며 심성이 착함을 느낄 수 있다. B는 소감문에서 오랜만에 그림을 그려보니 낯설면서도 재미있다고 했다.

모든 사람이 평등한 대우를 받으면 좋겠습니다

| 명화 | 작품 |

"회사 다닐 때 상사랑 1박 2일 캠핑갔을 때 사진을 가져왔습니다. 그때 재미있었습니다. 저를 가운데 붙이고 나머지는 잡지에서 다양한 사람들을 붙였습니다. 저는 기독교인으로서 천국이 있다고 믿기에 바탕은 천국입니다. 천국에는 저울도 있습니다. 모든 사람이 평등해야 한다는 생각이 들어 차별이 없는 세상을 표현했습니다. (환호)"

B의 작품을 살펴보면, 바탕의 새와 저울이 눈에 띈다. 새는 자유를 상징하고 저울은 가치를 판단하기에 공평함·정직·정확함을 상징한다. 자유롭고 싶은 마음과 더불어 평등하지 못한 현재 상황에 대한 반작용을 표현함을 알 수 있다. 또한 작품 속에 다양한 사람들을 배치함으로써 성격도 가치관도 다양한 군대에서 구성원들과 함께 어울리며 웃고 싶은데 현실이 그러하지 못함을 보여준다. B가 미술작품 속 저울을 그리며 모든 사람이 평등해야 한다고 말하자 동기들은 환호하며 군대에 꼭 필요한 것 같다고 말해 전입신병으로서의 설움을 많이 겪

는 것으로 보였다. B는 소감문에서 자신의 옛 사진을 잡지 속 친숙한 이미지와 함께 꾸며보니 예전 추억을 회상할 수 있어서 재미있다고 했다. 또한 동기들의 입대 전 사진을 보는 것이 재미있었으며 사진을 통해 동기들이 다양하게 살아 온 이야기를 들으니 동기들에 대해 더 알게 된 것 같다고 했다.

우리만의 아이디어가 작품이 되니 신기합니다

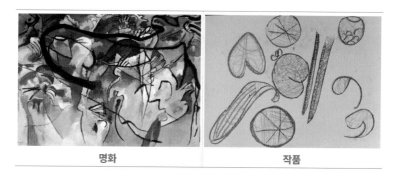

명화	작품

〈B와 F의 난화이야기〉
모양: 고래, 콩나물, 문어, 복숭아, 체리, 레몬, 눈, 배
한 아이가 있었다. 그 아이는 어느 날 바다에서 아기고래를 보았다. 그 순간 아이는 '나중에 어른이 되면 대왕고래를 꼭 봐야지'라고 생각했다. 그 아이는 콩나물을 먹고 무럭무럭 자라 어엿한 어른이 되었다. 어른이 된 아이는 대왕고래를 찾아 바다로 떠났다. 항해하면서 문어도 만나고 여러 나라를 방문하면서 말도 보고 복숭아, 체리, 레몬과 같은 맛있는 과일도 먹게 되었다. 다시 항해를 시작하는데 눈이 내리기 시작했다. 내리는 눈을 감상하던 중 그는 대왕고래와 마주쳤다. 그는 황홀함을 느끼는 동시에 한 가지 깨달음을 얻었다. 대왕고래를 찾아 떠난 여정 속에서 그는 바다를 사랑하게 된 것이다. 그의 인생의 목적이었던 대왕고래는 그가 바다를 사랑하게 되는 하나의 과정이었던 것이다.

B는 F와 한 팀을 이루었다. 이야기를 꾸밀 때 주로 F가 이야기를 만들고 B는 F의 이야기에 푹 빠져서 들었다. 그들의 이야기 속에는 결과 못지않게 과정이 중요함을 느낄 수 있다. 많은 경험을 하며 세상을 향해 배우고자 하는 마음이 엿보이며 군생활 또한 '나에게 어떤 의미가 있을까?'라는 호기심을 가지고 임하

고 있음을 보여준다. B는 소감문에서 개별활동이 아니라 옆의 짝꿍이란 함께 해서 더 즐거웠으며 그림을 미리 계획하거나 생각하지 않고도 우리들의 아이디어 만으로도 만들 수 있다는 것이 재미있다고 했다.

조금씩 적응되기를 기대합니다

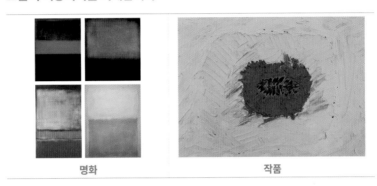

| 명화 | 작품 |

"가운데 검은색은 여기 와서 완전 초창기 때 아무것도 모르는 감정, 갈색은 현재 질퍽질퍽 헤매고 있는 감정, 연두색은 동화되어 가는 감정입니다. 시간이 지나면 조금씩 군에 적응하지 않을까 하는 희망 사항을 표현했습니다. 완전 초창기인 이병 때는 선임들이 좀 봐주기도 했는데 지금은 일절 봐주는 것이 없어 많이 혼납니다. (웃음)"

B의 작품을 살펴보면, 현재 감정을 갈색으로 표현했는데 갈색은 책임감이 강하고 안정감을 주는 색이다. 갈색은 어떤 상태에서 한 발자국도 나아가지 못하는 상태인 고착의 의미도 있어 군생활에서 어찌할 줄 모르는 상황을 나타내기도 한다. 미래는 연두색으로 표현했는데, 연두색은 무한한 가능성을 품은 희망을 상징하므로 현재 군생활은 힘들지만 그것을 수용하고자 하는 의지가 보인다. 나는 동기들로부터 B가 밤샘 근무로 인한 오전 취침으로 오늘 수업에 참석하지 못할 것이라는 말을 들었다. 그런데 B는 제시간에 들어왔고 모두 놀랐다. 동기들이 잠을 자야 하지 않느냐 하자 B는 미술활동 후 자면 된다며 빙그레 웃음을 지었다. B는 몸이 피곤함에도 이 시간을 통해 마음껏 자신을 표현하고 이야기를 하면서 자신의 정체성에 대한 안정감을 찾으며 긴장하는 군생활 속에서 균형을 찾아가는 것으로 보였다. B는 소감문에서 처음 명화를 보았을 때 배경

그림을 모아둔 것이 아닌가 생각했으며 색만으로도 다양한 감정을 느낄 수 있다는 것이 신기했고 내가 생각하는 색에 대한 느낌과 다른 사람이 느끼는 것이 다를 수 있다는 것이 흥미로웠다고 했다. 또한 자신이 이런 것을 말하려는 것이 아니었는데 자신의 그림을 설명하거나 동기들의 이야기를 들으면서 자신에게 그런 마음도 있었던 것 같다는 생각이 들었다고 했다. 동기들의 이야기를 들으니 동기들도 자신만큼이나 많이 힘들다는 안쓰러운 마음이 들어 동기들과 같이 만나는 시간이 많아졌으면 좋겠다고 했다.

지금은 힘들지만, 이 또한 마음먹기 나름이라고 생각합니다

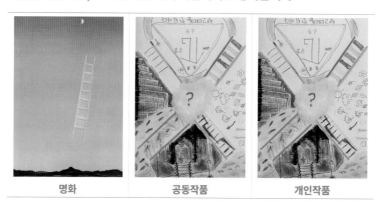

| 명화 | 공동작품 | 개인작품 |

"환경은 바뀌기 마련이고 그 바뀐 환경에 따라 일을 할 때 나의 마음가짐이 가장 중요하다고 생각합니다. 사다리는 한 계단씩 다른 색깔로 나눠보았습니다. 어떤 계단은 수월하고 어떤 계단은 남들에게는 쉬워도 나한테는 어려울 수 있습니다. 다른 사람들도 마찬가지라 생각합니다. 저도 잘하는 것이 있겠지요. 그래서 마음가짐을 긍정적으로 가져야 한다는 생각을 했습니다. 이런 마음가짐으로 군생활을 잘해나가고 싶습니다."

B의 작품을 살펴보면, 봄·여름·가을·겨울을 표현하며 변화하는 환경을 나타냈다. B는 독실한 기독교인으로 하나님이 주신 환경 속에서 잘 적응하고 싶은 마음을 알 수 있다. 계단 또한 다른 색으로 표현하여 여러 가지 경험을 받아들이겠다는 의지도 보인다. B는 소감문에서 자신의 강점을 구체적으로 찾지 못했으나 자신에게 부끄럽지 않게 노력하는 모습이 멋지다고 생각했다고 밝혔다. 또한

자신이 생각하는 자신의 강점에 대해 선생님이 물어보셔서 곰곰이 생각해보니 반성하고 실천하려는 노력을 하지 않나 생각하게 됐다고 했다.

나에게 영향을 준 분들을 실망시키지 않겠습니다

| 명화 | 작품 |

"초등학교 때부터 지금까지 나에게 영향을 주었던 너무나 많은 분들이 생각났습니다. 어릴 때부터 지금까지 어떻게 성장했는지 다시금 생각해볼 수 있었고 나에게 소중한 사람을 떠올리며 지나간 추억에 잠겨 행복한 시간을 보냈습니다. 이 분들이 저를 명화에서 서로 쳐다보는 눈빛처럼 저를 돌봐주었기 때문에 제가 성장할 수 있었다는 생각이 들었습니다. 번개는 가끔 일어나는 나쁜 일입니다. 살다 보면 나쁜 일도 있겠지만 신앙심으로 잘 극복하여 그 분들을 실망시키지 않게 노력하겠다는 마음이 들었습니다."

B의 작품을 살펴보면, 자신을 높은 곳에 배치했으며 눈이 두드러져 보인다. 눈은 자신을 나타낼 뿐만 아니라 외부 환경과 접촉하는 가장 중요한 의미를 지니므로 시각, 시선, 소통, 내적 통찰 등을 나타낸다. 신앙심이 강한 B에게 눈이라는 것은 하느님이 항상 위에서 나를 보고 계신다는 의미로 '주목하고 지켜주는' 눈으로 여기는 것으로 보인다. 작품 속 번개는 가끔 나쁜 일이 생기는 것이라 말했는데 이러한 자신의 어려움도 종교적으로 헤쳐나간다고 하여 B에게 종교는 군생활의 어려움을 헤쳐나갈 수 있는 원동력이 되는 것으로 해석된다. B는 소감문에서 그동안 생각하지 못했던 고마웠던 분들을 생각하게 되는 계기가 되어 의미 있는 시간이었다고 했다.

군대 생활이 나중에는 추억이 될 수 있다고 봅니다

| 명화 | 작품 |

"자연 속에 있으면 마음의 안정이 되기에 저는 항상 자연 속에서의 삶을 꿈꾸는데, 미래를 생각하면서 버킷 리스트 중 하나인 자연에서 한 두 달 살아보는 것을 표현했습니다."

B의 작품을 살펴보면, 이 작품 또한 아동화의 그림으로 자신의 구체적인 미래보다는 어릴 적 꿈을 표현함으로써 동심의 세계에 머물러있음을 알 수 있다. 이러한 환상적인 표현은 비록 꿈일지언정 자신의 내면에 있는 긍정적인 욕구를 표출하여 자신의 존재 가치를 성장시키는 데 의의가 있다. B는 소감문에서 자신이 어릴 적 꿈꾸었던 모습을 다시 한 번 생각해보며 추억을 회상해볼 수 있었고 내가 미래에 되고 싶은 모습을 생각해볼 수 있는 계기가 되었다고 했다. 또한 지금의 군생활도 나중에 추억이 될 수 있으니 지금을 발판삼아 더 성장하고 싶다고도 했다.

이 프로그램은 나에게 '우물'이었습니다

이 프로그램은 나에게 '우물'이었습니다. 왜냐하면 우물을 들여다보는 것처럼 내가 그동안 어떻게 살아왔는지 생각해보게 되고 반성을 하게 되는 계기가 되었고 군생활에서는 이렇게 살아야겠고 저렇게 하면 안되겠다는 등 스스로 나에 대해 깊게 생각해 볼 수 있는 시간이었기 때문입니다.

B는 추후소감문에서 개인적 변화로는, 미술관을 다니지 않았는데 훈련과 업무로 정신없는 군 안에서 명화를 감상하면서 마음이 따뜻해졌다고 했다. 처음에 군의 낯선 분위기에 주눅이 들어서 자신의 생각을 말하는 것이 어려웠는데 조금씩 생각을 표현하면서 무조건 참는 것보다 이렇게 말을 하는 것이 관계에 도움이 된다는 것을 알게 되었다고 했다. 잦은 실수에 많이 낮아진 자존감을 회복할 수 있는 시간이었고 마음이 안정되니 실수가 좀 줄어든 것 같다고 했다. 또한 사회에서도 하지 않았던 자신에 대해 들여다보고 생각하는 계기가 되어 자신이 좋아하는 것, 가치관, 희망하는 삶을 알게 되었으며, 그러한 삶을 향해 남은 군생활에 잘 임하겠다고 했다. 동기 간 변화로는, 처음 전입을 왔을 때 자신이 속한 중대에 동기가 한 명도 없었고 동기들과 친해지는 기회가 없어 지나가는 길에 만나면 인사만 했는데, 이 시간을 통해 동기들과 즐거운 추억을 만들고 동기들의 생각과 느낌을 알게 되면서 동기들이 어떤 심정으로 지내고 고민이 있는지 느낄 수 있었고, 동기들이 자신에게 힘을 준 만큼 자신도 동기들에게 힘이 되어주고 싶다고 했다. 이제는 동기들과 만나면 자연스럽게 힘든 부분을 이야기 나누면서 끈끈한 정이 생겨 마음이 든든해졌고, 군생활이 조금은 수월해졌다고 말했다.

B는 성격이 유하고 낙천적이며 종교적인 믿음이 강한 병사다. B의 보직은 CCTV를 관찰하는 일로 지속적인 긴장을 요구하는 근무이다. 전입신병으로 근무에 익숙하지 못한 것은 당연하지만 군 특성상 실수를 인정할 수 없는 상황에서 선임들로부터 잦은 지적과 질책을 받아 심리적으로 위축되어 있었다. 하지만 B는 선임의 지적이나 질책에 대해 억울함보다는 자신의 실수나 잘못으로 받아들이며 스스로 긍정적인 생각을 견지하고 있었다. 이는 성격적인 유함도 있으나 깊은 신앙심에서 비롯된 것으로 보인다. 또한 밤샘 근무로 오전에 참여하기 힘든 상황임에도 불구하고 자발적으로 이 시간에 참여하는 의지를 보였다. B는 이 시간을 통해 자신의 이야기를 마음껏 표출하고 어린아이처럼 놀이를 즐김으로써 스스로 긴장을 이완시킨 것으로 보인다.

바른말 잘하고 무심한 듯 정이 많은 C

C는 자신의 이름을 희화화시키는 것이 싫다면서 닉네임보다 자기 본명으로 불리기를 원했다. C는 군생활 적응의 어려움을 '불안'과 '우울'이라 했고, 그 원인을 '대인관계'라고 말했다.

군에서는 생각하지 않는 편이 낫습니다

명화

작품

"이 명화를 고른 이유는 명화 속 주인공의 얼굴에 생각과 잡념이 없어 보였기 때문입니다. 솔직히 지금 아무런 생각도 하고 싶지 않습니다. 군에서는 오히려 생각이 없는 게 나을 수 있습니다."

C의 작품을 살펴보면, 명화에서 풍기는 당당한 모습과 함께 자신의 몸을 크고 각지게 그림으로써 강하게 보이고 싶은 마음을 알 수 있다. 반면 동공이 비어있고 시선이 고정되어 있지 않아 자신에 대한 정체성을 찾지 못하고 있는 것으로 해석된다. 경직되어 있으나 군인의 모습과 자신의 이름을 꼼꼼하게 표현하여 현재 상황에 적응하고자 하는 의지 또한 느껴진다. C는 소감문에서 자기소개를 하는 것이 어색하고 어려웠지만 그림을 통해 표현해 보니 자신에 대해 좀 더 객관적으로 고민하는 시간을 가지게 되었다고 했다.

존재감 있는 사람이고 싶습니다

명화	작품

"군에 오기 전 한옥마을에 놀러가서 한복을 입고 찍은 사진입니다. 저는 가운데 아주 조 그맣게 보입니다. 명화에 왕관이 나와 저도 제 머리 위에 왕관을 그려 저를 왕으로 표현해 보았습니다. 그런데 위에 밝은색을 칠하면서 복잡미묘한 느낌이 들었습니다. 내가 권력을 누려서 좋긴한데 독재가 되지 않을까, 누군가에게 충성을 다하는 것에 대한 불편함이 느 껴졌습니다."

　C의 작품을 살펴보면, 화면에 많은 것을 가득 채워 생각이 많아 보인다. 주제가 '나'를 소개하는 시간임에도 '나'를 보이지 않은 정도로 작게 표현하여 많은 사람 중에 '나'가 눈에 띄지 않음을 알 수 있다. 모든 사람이 나를 우러러보 기를 희망하지만 당당한 내가 없다는 것은 군생활 속에서 자신의 존재감이 없 음을 반영하는 것으로 보인다. 눈에 띄는 사람으로 관심받고 싶은데 현재의 자 신은 많은 군인들 중 한 명일 뿐이라는 정체성에 고민이 있어 보인다. 자신의 힘 을 갈망하면서도 계급사회에서 전입신병의 위치에 있다 보니 힘에 대한 부담감 을 표현한 것으로 보인다. 반면 바탕 위를 노란색, 주황색, 초록색 등의 밝은색 으로 표현하여 긍정적인 군생활을 희망하는 것을 알 수 있다. C는 소감문에서 자신이 존재감을 강하게 느끼고자 하는 마음을 알게 되었다고 했다.

평가받지 않아 편안했습니다

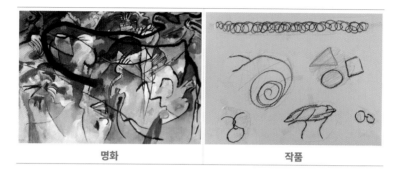

| 명화 | 작품 |

〈C, D, G의 난화이야기〉

모양: 바퀴벌레, 달팽이, 세모, 네모, 동그라미, 감, 안경, 철망

제목: 바퀴벌레와 달팽이

어느 추운 겨울날 바퀴벌레와 달팽이가 길을 가다가 감을 발견한다. 배고픈 바퀴벌레와 달팽이는 감을 걸고 경주를 하기로 한다. 하지만 속도가 느린 달팽이는 바퀴벌레에게 한 가지 제안을 한다. "야, 바퀴벌레야, 내가 너보다 느리니까 장애물을 지나서 결승선을 통과하도록 하자" 그러자 눈이 나쁜 바퀴벌레도 "좋아, 나도 안경을 쓰고 출발하겠어" 바퀴벌레와 달팽이는 경주를 시작했다. 하지만 결과는 아무도 알지 못한다. 열린 결말이다.

"서먹했던 동기들과 함께 어린애 같은 활동을 하며 처음으로 실컷 웃었습니다. 군에 와서 언제 웃어봤는지 기억도 나지 않습니다. 동기들과 정신없이 놀다 보니 한층 친해진 기분이 들고 스트레스가 해소되었습니다. 저는 원래 누군가와 같이 하는 것을 좋아하지 않는데 해보니까 의외로 재미있었습니다."

C, D, G는 한 팀을 이루었다. C는 첫 회기 나와 가장 먼 자리에 앉았고 약간 어수선했었다. 3회기부터 내 옆자리에 앉기 시작했으며 다른 동기들의 말을 잘 듣고 요약을 해 주는 등 집중하며 적극적으로 참여했다. 그들의 이야기를 살펴보면, 경주, 첫 시작, 결승전이나 게임이라는 것이 나타나 군생활의 첫 시작인 게임이라는 난관을 잘 헤치고 목표를 잘 마치고 가겠다는 마음이 전달된다. C는 소감문에서 이 시간 자체가 평가받는 게 아니어서 편안했다고 했다. 또한 동기

들을 만날 기회도 없거니와 가끔 지나가다가 만나도 힘든 내색을 하지 않아서 몰랐는데 자신이 생각하는 것보다 군생활을 많이 힘들어하는 것 같고 지쳐 보인다며 이 시간이 서로에게 힘이 되어주는 것 같다고 했다.

나의 감정을 표현하는 것이 어렵습니다

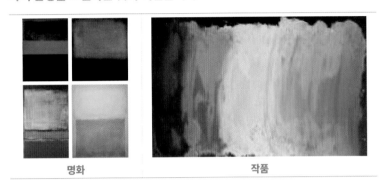

| 명화 | 작품 |

"오늘 하루의 감정입니다. 왼쪽의 검정색은 어젯밤에 잠이 안 와 조금밖에 못 자 피곤하고 힘든 감정을, 가운데 하얀색은 현재의 상태로 멍 때리고 있는, 아무 생각이 없는 감정을, 오른쪽으로 갈수록 밝게 그려 조금씩 개운해지고 싶은 감정을 표현했습니다."

C의 작품을 살펴보면, 자신의 감정을 알아보는 시간임에도 '감정'보다는 '상태'를 표현하여 평소 자신의 감정에 대해 깊이 있게 생각하지 않은 것으로 보인다. 현재의 상태를 흰색으로 표현했는데, 흰색은 어떠한 힘도 요구하지 않은 색으로 포기를 의미하기에 현재 자포자기의 심정임을 알 수 있다. 반면 파란색으로 밝아지고자 했는데 파란색은 일상의 문제들을 잊고 심신을 편안하게 안정시키며 시원하게 하는 성향이 있어 심신을 안정시키려는 마음이 엿보인다. 어두운색에서 밝은색으로 표현함으로써 점차 밝아지고 싶다는 소망을 드러냈다. C는 소감문에서 자신의 감정을 표현하는 것이 무엇인지 몰랐는데 동기들이 색으로 다양한 감정을 표현하는 활동을 보면서 색과 감정이 직접적으로 연관이 있다는 것을 알게 되었다고 했다. 또한 다양한 감정을 색으로 조합하면 감정의 변화라든가 복잡한 상황을 깨달을 수도 있겠다는 생각이 들었다고 했다.

그녀는 내게 고마운 사람이었습니다

명화

작품

"갑자기 한 친구가 떠올랐습니다. 고등학교 때 친구인데 내가 학생의 본분에 충실하지 않을 때 학업에 열중하게끔 도와주었습니다. 말로 뭐라 충고하는 게 아니라 행동으로 보여주었습니다. 그 친구 덕분에 제가 공부하게 되었다는 생각이 들었습니다. 지금은 연락을 안 하고 지내 그 친구의 왼쪽을 어둡게 그림자로 표현해 보았습니다. 제가 그 친구를 말 없이 지켜보고 있는 상황이라 할 말이 없어 말풍선을 쓰지는 않았습니다. 그 친구가 생각난 것을 보니 제가 그 친구에게 고마워하고 있다는 것을 알게 되었습니다."

C의 작품을 살펴보면, 영향을 받은 사람을 흑과 백의 양면으로 나눔으로써 그 사람에게 긍정적인 영향과 함께 부정적인 영향을 받았음을 보여준다. 반면 그 사람은 검은색으로 꼼꼼하게 칠해 부정적인 쪽에 집중했고, 자신은 화이트로 칠해 밝은 쪽만 보여주면서 자신은 다른 사람에게 좋은 면만 보여주고 싶은 마음이 읽힌다. 두 사람 사이를 가깝게 그려서 그가 존재감이 큰 친구였고 그에게 다가가고 싶은데 관계의 단절에 대한 무력함 또한 느껴진다. C는 소감문에서 나에게 영향을 끼친 사람을 생각해보는데 뜻밖의 사람이 떠올랐으며 누가 자신에게 중요한 사람인지를 알게 되었다고 했다.

동기들을 만나 밝아졌습니다

명화

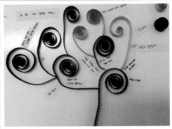

작품

"왼쪽의 검은색은 나의 어두운 면입니다. 이 프로그램을 하기 전 저의 색깔이라 할 수 있습니다. 오른쪽으로 갈수록 밝은색으로 표현해 많은 사람들, (쑥스러워하며) 특히 동기들을 만나서 밝아지고 있다는 의미입니다. (환호) 동기들이 없었다면 아직도 어두웠을 것입니다."

C의 작품을 살펴보면, 시계방향의 나선형으로 표현했다. 나선형은 발전, 미래와 전진, 발산과 확산의 의미가 있으므로 무기력하고 우울했던 초기에 비해 조금씩 열정을 가짐을 알 수 있다. 또한 자신의 나무가 검은색에서 밝은색으로 변화했는데, 노란색 또한 생동감과 자유로움, 유쾌한 자극을 상징하므로 초기에 비해 편안해진 것을 알 수 있다. C는 동기들로부터 '귀엽다, 장난스럽다, 정이 많다, 친해지기 쉽다, 똘똘하다, 지혜롭다' 등의 피드백을 받았다. 다소 어색한 목소리로 동기들 덕분에 자신이 밝아졌다고 이야기하자 동기들의 환호가 쏟아졌다. C는 소감문에서 동기들과 서로 칭찬하는 시간을 가지니 남들이 나를 어떻게 생각하는지 알게 되었고 칭찬이 너무 많아서 동기들에게 너무나 고맙다고 했다. 서로 이해해주는 동기들 덕분에 지치고 힘들 때 눈치 안 보고 편안하게 있을 수 있었으며 동기들이 없었다면 아직도 불평만 하면서 지냈을 것 같다고도 말했다. 또한 우리는 다 큰 어른인데 미술활동을 이렇게 재미있게 하는 것이 신기했고, 여러 가지 미술 매체를 만져보고 써 보니 기분도 좋아지고 힐링이 되었다고 했다.

무엇을 하며 살아야 하나 고민하게 되었습니다

명화

작품

"파란 하늘을 그린 것은 성인이 되기 전까지 책임질 일이 없어 파란 하늘만 보고 올라가는 것을 표현했습니다. 노을이 지는 것은 하산할 때 어두워져 위험을 나타낸 것이며 이제부터 이 남자에게는 책임져야 할 것이 많다는 것을 의미합니다. 이제까지는 그럭저럭 편하게 살아왔는데 이제 성인이 되었으니 어떤 직업을 갖고 밥벌이도 해야 하고 이런저런 고민이 많아졌습니다. 이제는 책임감을 가지고 살아야겠다는 생각이 들어 걱정이 되었습니다."

C의 작품을 살펴보면, 전면에 파란색을 배치했다. 파란색은 신뢰, 안정감을 주는 색으로 침착하게 미래에 대한 책임을 지려는 의지가 보이며, 노을의 빨간색은 열정과 에너지를 상징하는 것으로 자신의 자원을 찾고 정신력이 확고해짐을 알 수 있다. C는 소감문에서 이제까지 부모님 덕에 편하게 살아왔는데 이제는 성인으로서 무엇을 하고 살아야 하는지에 대한 고민을 진지하게 하게 되었다고 했다.

이 프로그램은 나에게 '탈출구'였습니다

이 프로그램은 나에게 '탈출구'였습니다. 왜냐하면 지치고 힘들 때 눈치 안 보고 편안하게 있을 수 있었기 때문입니다. 군대에서 벗어나 마음 편히 쉬고 웃을 수 있는 유일하고 귀중한 시간이었습니다. 제가 싫어하는 것은 진짜 잘 안 하는데 눈치 안 보고 편해서 적극적으로 참여했던 것 같습니다.

C는 추후소감문에서 개인적인 변화로는, 정답이 없는 명화를 좋아하지도 않는데 명화를 보면서 느낌을 나누고 그것을 그림으로 표현하니까 자신에 대해 많은 것을 깨닫게 되었다고 했다. 자신에 대해 생각해보는 시간이 거의 없었는데 진지하게 자신을 돌아보면서 반성할 수 있는 시간이 되었다고 했다. 마음 속에 힘든 부분이 많았는데 이 또한 많이 편안해졌다고 말했다. 후임들이 기댈 때가 없을 때 이 프로그램을 통해 동기들과 친해지고 자아 성찰을 하는 시간을 가지게 되면 힘이 될 것 같다고도 했다. 동기 간 변화로는, 자신만 힘든 줄 알았는데 다른 동기들은 더 힘든 것 같아 마음이 짠했고 이렇게 힘든 군생활을 나름 긍정적으로 생각하는 동기들을 보면서 자신도 너무 부정적으로만 생각하지 않을 것이라고 했다. 여기서 동기들끼리 서로의 보직이 힘들다 안 힘들다 하는 것은 의미가 없으며 우리들이 서로에게 힘이 되어준다는 것이 중요한 것 같다고 했다. 지금은 서로 힘든 일이 있으면 얘기도 하고 고민도 들어주게 되었으며 남은 군생활을 하는 데 의지가 되는 존재가 생겼다고 했다.

　　C는 좋고 싫음이 분명한 성격으로 납득이 가야만 자발적으로 활동하는 성향을 보였다. 군에 대해서도 월급이 너무 적어 군이 자신의 노동력을 착취한다고 생각하거나 군에서 시키는 지시사항이나 규율이 합리적이지 않다고 불평했다. 다른 사람의 이야기를 요약하거나 자신의 에피소드를 말하는 것은 어려움이 없었으나 자신의 감정을 표현하는 것은 힘들어했다. 그러나 동기들이 솔직하게 자신의 감정을 드러내는 것을 보며 조금씩 자신의 감정을 드러내기 시작했다. 군대라는 현실을 어떻게 적응해나가야 하는가 하는 물음을 스스로 던지며 답해보는 시간을 가졌다. 동기들의 이야기를 들으면서 동기들이 자신이 생각했던 것보다 군생활을 많이 힘들어한다는 것에 놀랐다. 또한 그 속에서도 긍정적으로 임하려는 동기들의 모습을 보면서 자신도 불평만 하지 말고 긍정적으로 변화해야겠다는 생각을 하게 되었다. 자신에 대한 동기들의 장점을 들으면서 동기들의 마음을 읽고 동기 간 지지의 힘을 깨달았으며 마음의 근육이 단단해졌다.

서창전설: 전설이 되고 싶은 D

D는 닉네임을 '서창전설'이라 정했다. 자신이 서창동에서 태어나서 20여 년을 살았는데 동네의 전설이 되고 싶다고 말해 웃음을 자아냈다. D는 군생활 적응의 어려움을 '대인관계'라 했고, 그 원인을 '상하관계'라 말했다.

군에서도 봄이 오기를 기대합니다

명화

작품

"이 명화처럼 저는 긴장하고 있습니다. 가끔씩 연병장 밖을 보며 자연으로 위안삼을 때 가 있는데 바탕을 은은하게 칠해 봄을 표현해 보았습니다. 지금은 겨울이지만 곧 봄이 오겠죠."

D의 작품을 살펴보면, 긴장된 표정에서 아직 낯선 군생활에 대한 혼란스러 운 마음을 엿볼 수 있다. 다른 동기들이 군복을 현재 군복과 비슷하게 그린 것에 비해 D는 군복을 평상복처럼 그려 일상생활로 돌아가고 싶은 마음이 엿보인다. 또한 바탕을 파스텔톤으로 칠해 봄의 따스한 분위기처럼 편안해지고 싶은 소망을 알 수 있다. D가 자신의 작품을 보여주자 동기들이 "국회의원 같다", "정치인이 꿈이냐"는 등 질문을 던졌고 D는 웃으며 자신이 볼 때도 그렇게 보인다고 하며 화 기애애한 분위기를 가졌다. D의 작품 속 입술이 빨간 것을 보고 한 동기가 "앵두

같다"고 하며 마스크를 벗어달라고 하자 D는 마스크를 벗고 입술을 보여주었으며 동기들은 웃으며 진짜 앵두같다며 크게 웃었다. D는 소감문을 통해 군에서 이러한 명화를 보니 잊고 지냈던 감성이 되살아나는 것 같다고 했다. 또한 오랜만에 그림을 그려보니 어릴 적 생각이 나서 재미있었으며 동기들과 대화를 나눌 시간이 없었는데 이런 시간을 통해 동기들에 대해 좀 더 알게 된 것 같다고 했다.

잠시 황금빛 인생을 꿈꿔보았습니다

명화	작품

"오늘은 어떤 걸 입을까? 어떤 차를 탈까? 행복한 고민을 하고 있는 모습입니다. 사진에서 내 얼굴을 오려서 잡지 속 정우성의 몸을 붙였습니다. 명품을 골라 붙였습니다. 명품을 아주 좋아하진 않는데 한 번쯤 이렇게 살아보면 좋지 않을까 생각해봅니다. 나의 모습에 금색을 둘러 황금빛 인생을 꿈꿔보았습니다. 돈을 많이 벌고 싶긴 하지만 저의 꿈은 기자입니다. 기자로는 이렇게 안 될 것 같지만 이렇게 되지 않아도 상관은 없습니다. 그냥 로망을 표현해 보았습니다."

D의 작품을 살펴보면, 상상 속 자신의 모습을 표현하며 잠시 현실에서 벗어나 자유롭게 꿈을 꾸었다. 자신의 주변은 금색으로 칠했는데 금색은 빛나고 찬란한 색으로 돋보이고 싶은 마음을 나타낸다. D는 소감문에서 자신이 꿈꾸는 삶을 한 번 생각해보며 꾸미는 것으로도 스트레스가 해소되었으며 동기들의 군에 오기 전 예전 사진을 보고 이야기를 들으니 동기들이 모두 재미있는 사람들이라는 생각이 들었다고 했다.

대한민국의 자랑스러운 군인이 되고 싶습니다

| 명화 | 작품 |

"암울한 컨셉입니다. 왼쪽은 국방부, 오른쪽은 접니다. 국방부에서는 이렇게 말합니다. '여러분들은 국가와 국민에 충성을 다하는 자랑스러운 대한민국 육군입니다.' 하지만 세부적인 말들이 숨겨져 있습니다. '군대 입영일자에 오지 않으면 징역 11년이다, 군대에서 다치면 너 손해다 등등.' 군에서는 이런 말이 있습니다. '다치면 느그 아들, 안 다치면 우리 아들' 그래서 저는 지금 울고 있습니다."

D의 작품을 살펴보면, 긍정적인 영향을 준 사람을 알아보는 것이 주제임에도 부정적인 상황을 표현하여 군생활의 압박이 크다는 것을 알 수 있다. 두 사람이 마주 보고 있으나 왼쪽은 웃고 오른쪽은 울고 있어 대비되는 상황을 표현했다. 또한 자신의 앞부분을 초록색으로, 국방부의 앞부분을 회색으로 표현했는데, 초록색은 조화와 균형의 색으로 희망, 부흥을 상징하며 회색은 어두움과 음침함을 상징하여 둘 사이의 괴리감을 나타냈다. D는 소감문에서 군이 자신이 생각했던 것과 다르다는 것을 느껴 슬펐지만, 그것을 미술작품으로 표현해 보니 자신의 현재 상황에서 조금은 거리감을 두고 바라보게 되었다고 했다.

오늘도 땀 흘리며 전역을 향해 달려갑니다

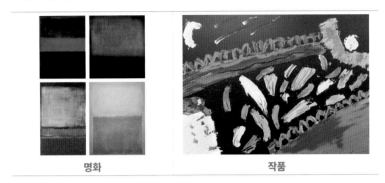

| 명화 | 작품 |

"회색은 철조망이고 빨강은 훈련, 노랑은 잠깐의 낙, 파랑은 장애물입니다. 오른쪽 보라색은 이것을 다 합친 색입니다. 마지막 노랑은 '저녁' 혹은 '전역'이라는 이중적인 의미입니다. (환호) 이런 길을 다 거쳐야만 전역의 날이 오기에 오늘도 저는 땀을 흘리고 있습니다. 파랑의 장애물은 이런 것을 어떻게 하나, 잘 할 수 있을까 하는 걱정, 선임관계, 대인관계 이런 것들이고 잠깐의 낙인 노랑은 개인정비시간입니다. 보라색은 결국 병장이 돼서 보스가 되는 것입니다."

D의 작품을 살펴보면, 핸디코트로 색을 만드는 과정이 번거로움에도 다양한 색을 사용하여 자신의 감정이나 생각을 섬세하게 표현했다. 회색의 담벼락, 노랑색의 왕고, 왕고까지의 도달을 보라색으로 나타냈다. 회색은 창백하고 음침한, 어두운 의미로 군생활의 어려움을, 노란색은 희망, 기대감, 밝음의 의미로 전역이라는 희망을 바라보는 마음을, 보라색은 장엄, 권위의 의미로 왕고를 바라보는 기대가 느껴진다. 또한 자신의 땀 흘리는 표정까지 실제같이 표현함으로써 현재의 노력과 고됨이 느껴진다. D의 그림 속 땀을 흘리는 모습을 보고 동기 한 명이 울고 있는 것 아니냐고 묻자 D는 땀이 맞는데 땀 속에 눈물이 있을 수도 있다고 말해서 함께 웃었다. D는 소감문에서 명화의 색이 너무 아름다웠으며 자신의 감정을 색으로 꼼꼼하게 표현하다 보니 감정이 잘 드러났고 색과 감정이 연결된다고 느꼈으며 마음이 후련해졌다고 했다.

죽을 때 그동안 잘 살았다고 만세 부르고 싶습니다

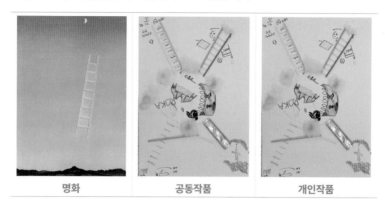

| 명화 | 공동작품 | 개인작품 |

"현재의 나부터 죽는 순간의 나까지를 표현해봤습니다. 나의 꿈은 스포츠 기자로 MBC
에 입사하는 것이며 나중에 죽을 때 여지껏 잘 살았다고 만세를 부르고 싶은 것을 표현했
습니다. 동기들과 함께 작업하면서 친밀감이 느껴졌고 언제 웃어봤는 지 기억이 가물한데
이 시간에 너무 많이 웃어 스트레스가 해소되었습니다. 네 명이 같이 그리다 보니 동기들
이 각자 다른 부분에서 어려움을 느끼지만 결국 비슷하다는 생각이 들었습니다."

　　D의 작품을 살펴보면, 현재부터 죽을 때까지를 표현하여 확고한 꿈과 장
기적인 계획이 있다는 것을 알 수 있다. D는 소감문에서 명화를 봤을 때 사다리
가 불안해 보였는데 동기들은 각자 다른 생각을 해서 명화를 보고 느끼는 감정
은 자기 마음과 연관이 있다는 생각이 들었다고 했다. 나중에 선생님이 화가가
그림을 그린 의미를 설명해주실 때 이 또한 자신의 느낌과 달라 신기했다고 이
야기했다. 또한 자신을 솔직하게 표현해 본 적이 별로 없었는데 이상하게 그림
을 그리면서 점점 자신의 감정에 솔직해진다는 것을 느꼈다고 했다. 또한 부정
적인 감정을 미술작품으로 표현하니 말로 할 때보다 임팩트가 있어 후련했으며
스트레스를 조금이나마 풀어진 것 같다고 했다.

잘생겼다는 동기의 말이 가장 마음에 듭니다

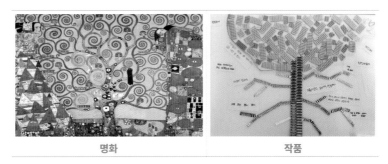

명화	작품

"나의 나무를 꾸밀 때 줄기를 황금색으로 표현했는데 명화에서 영감을 얻었습니다. 은색이랑 섞어 화려하게 꾸미고 싶었습니다. 나의 나무는 열매들이 많이 열려있는 나무입니다. 저는 명화의 나무처럼 이렇게 화려하고 웅장한 것이 좋습니다."

"타인의 입장에서 나의 장점들을 알 수 있어서 좋았습니다. 내가 생각하지 못한 나의 장점에 대해 알게 되어서 색다르고 매우 좋았습니다. 특히 '잘생겼다'가 가장 마음에 들었습니다. (웃음)"

D의 작품을 살펴보면, 나무 기둥에 금색과 은색을 섞어 표현했다. 금색은 최고 그리고 명예를 나타내고, 은색은 지혜와 변화를 의미하며, 연두색은 무한한 가능성을 품은 희망을 상징하므로 미래에 대한 긍정적인 희망이 드러난다고 할 수 있다. 또한 수관이 커서 지면을 넘는 것으로 보아 권력 욕구와 성장 욕구가 큰 것으로 보인다. D는 동기들에게 주로 '열정이 넘친다, 착하다, 친절하다, 뭐든 열심히 한다, 자신감이 넘친다, 다른 사람을 편하게 해준다'는 등의 피드백을 받았다. 프로그램에 참여자 중 가장 많은 피드백을 받아 동기들의 부러움을 샀다. D는 소감문에서 명화가 화려하고 웅장하다는 느낌을 받았고 그림 속 이야기가 궁금해졌으며 동기들로부터 자신이 생각하지도 못했던 장점들을 듣게 되어 기분이 너무 좋았다고 했다.

이 프로그램은 나에게 '꿈'이었습니다

> 이 프로그램은 나에게 '꿈'이었습니다. 왜냐하면 그림을 통해 군 일상에서
> 잠시 벗어나 나에게 솔직해졌기 때문입니다.

D는 추후소감문에서 개인적 변화로는, 자신에게 솔직해졌던 것이라고 했다. 자신의 감정을 드러내는 것에 익숙하지 않았었는데 이 시간을 통해 조금씩 자신의 생각과 감정을 이야기하다 보니 마음의 문이 열린 느낌이었고 동기들 또한 다들 솔직하게 말을 해서 자신도 더 솔직해질 수 있었다고 했다. 또한 부정적인 감정을 미술작품으로 표현하니 말로 할 때보다 임팩트가 있어 후련했고 군생활의 스트레스를 조금이나마 풀 수 있는 탈출구가 되어준 것 같다고 했다. 동기간 변화로는, 동기 간의 여러 가지 다른 점을 이해하게 되면서 타인에 대한 생각의 폭이 넓어져 자신이 가졌던 선입견을 반성하게 되었다고 했다. 동기들과의 많은 대화를 통해 동기들과 친해져서 군대에서도 친한 친구들이 생긴 것 같고, 군이라는 낯선 공간에 내가 의지하고 또 내가 힘이 되어줄 수 있는 동기들이 있다는 것에 감사한다고 했다.

D는 성격이 좋고 배려심이 많아 동기들에게 인기가 많았다. D가 이야기를 할 때는 유난히 동기들의 피드백이나 질문이 많았으며 D는 동기들의 장난스러운 질문에도 유머로 답하며 분위기를 쾌활하게 만들었다. 또한 D는 자신이 국방의 의무를 하며 대한민국의 자랑스러운 존재로 인정받고자 하는 마음이 컸다. 하지만 군생활을 하면서 자신의 존재 가치가 평가절하되는 느낌을 받으며 군에 대한 부정적인 생각이 깊어졌다.

D는 프로그램 회기 과정에서 유독 '솔직'이라는 단어를 많이 사용했는데, 감정표출이나 감정수용이 허용되지 않는 군 문화에 답답함을 느끼고 있었던 것으로 보인다. 하지만 자신이 만든 작품 속에 자신이 말로 하지 못했던 감정이 솔직하게 드러나는 것에 놀라며 더 솔직하게 표현해 보고 싶은 욕구를 느꼈으며

미술활동 중 번거로운 작업도 꼼꼼하게 수행하면서 자신의 감정에 충실하고자 노력했다. D는 자신의 이러한 솔직한 마음을 동기들이 공감하고 이해해주자, 그동안 답답했던 감정을 활발하게 표출하며 마음의 부담감을 덜어냈다.

서브컬처매니아: 개성이 넘치고 창의적인 E

E는 자신이 비주류문화를 선호하기 때문에 닉네임을 '서브컬처매니아'라고 정했다. E는 군생활 적응의 어려움을 '대인관계', '불안', '낮은 자아존중감'이라고 했고, 그 이유를 '개인적 성향', '상하관계', '병영분위기'라 말했다.

게임하고 싶습니다

명화

작품

"이 명화를 보니 낙서가 하고 싶었고 게임을 하고 싶은 마음을 표현했습니다. 군에 오기한 달 전부터 하루에 18시간 게임만 했습니다. 여기서 못하니까. 지금도 게임하고 싶습니다. 여기서 총을 들어서 총을 그렸고 여기서 내보내달라고 'out'이라고 썼습니다. 귀가 작아서 귀를 작게 그렸고 이가 안 좋아서 이에 구멍을 냈습니다. 표정이 밝은데 그 이유는 걱정했던 것보다는 견딜만해서입니다. 사회에서 불규칙적인 생활을 하다가 여기 와서 규칙적인 생활을 하게 된 것이 가장 좋은 점 같습니다."

　E의 작품을 살펴보면, 자신을 해학적인 얼굴로 표현하여 자신의 단점을 심각하게 받아들이지 않는 모습이 보인다. 사회에서 즐겼던 게임기와 'OUT'을 표현하고 현재 군생활을 나타내는 총을 그려 일상생활로 돌아가려는 마음과 군생활에 적응하려는 마음 사이의 갈등이 보인다. 닉네임을 정하는 시간에 E는 자신 있게 자신의 닉네임을 '서브컬처매니아'라고 말했으며 동기들이 멋있다고 해주자 으쓱해했다. 내가 낙서화 얘기를 하자 E는 낙서화가를 '그래피티 아티스트'라고 부른다고 말하며 명화에도 관심을 보였다. 바스키아 또한 비주류적인 화가로서 메인이 아닌 낙서화를 예술로 승화시킨 것에 호감을 보이며 자신을 개방하게 된 것으로 보인다. E는 소감문에서 자신이 좋아하는 명화가 나와 재미있었으며 동기들의 개성적인 그림을 보면서 동기들의 특징이나 심정을 알게 되어 즐거웠다고 했다.

선임 앞에서 무슨 말을 해야 할지 혼란스럽습니다

명화

작품

"입대 전 친구들과 광대짓을 할 때 찍은 사진입니다. 누가 누가 더 웃기는지 대결했습니다. 다른 친구들이 다 저에게 집중하고 있어서 기분이 좋았습니다. 바탕이 뱅글뱅글 돌아가는 것은 지금 나의 혼란스러운 상황입니다. 다음 근무가 위병소에서 선임과 같이 있는 것입니다. 시간이 빨리 가려면 선임에게 재밌는 얘기를 해야 하는데 이제 소재가 고갈되어서 정적이 흐를까봐 걱정이 됩니다. 후임이 분위기를 좋게 만들어야 한다는 부담이 좀 있습니다."

E의 작품을 살펴보면, 바탕을 빨려 들어갈 듯한 소용돌이로 표현하며 현재의 혼란스러움을 드러냈다. 더불어 입대 전 친구들이 자신에게 집중했던 순간을 표현하여 혼란스러운 군 안에서도 주목받고 싶은 욕구를 엿볼 수 있다. 이 시간에 자신의 셀카 사진을 가져오게 했는데 E는 사진을 두 개 가지고 와서 정상과 비정상으로 소개하고 비정상적인 사진을 고르겠다고 했다. 내가 정상과 비정상이라는 것이 무엇이냐고 묻자 잠시 망설이다가 정상은 틀에 박힌 것 같다고 말해 평범한 것을 좋아하지 않는 성향을 알 수 있었다. 동기들은 E의 사진 속 이야기를 들으며 크게 웃었고 동기들이 "재미있었겠다. 그 친구들을 소개시켜달라"고 하자 E는 약간 부끄러워하면서도 신나했다. E에게 비주류문화를 즐기는 이 친구들은 일상생활의 커다란 낙이었을 것 같고 그것을 동기들이 인정하자 환한 미소를 지었다.

E가 프로그램이 끝난 직후 선임과 둘이 있어야 하는 위병소 근무에 대한 불안을 이야기하자 동기들은 위병소 근무나 선임과의 어려움에 대해 대처하는 방법을 이야기해주었다. E는 소감문에서 이러한 낙서화 안에 시대정신 등 많은 의미가 담겨있음을 알게 되어 새로웠다고 했다. 자신의 사진에 여러 가지 이미지를 붙이고 보니 자신을 이렇게도 표현할 수 있다는 것이 재미있었으며 동기들의 과거사를 알게 되어 흥미로웠다고 했다. 또한 자신의 고민을 들어주고 공감해 준 동기들에게 고마웠고 동기들도 자신과 같은 어려움을 겪고 있다는 것에 안도가 되었다고 했다.

우리가 마구 그은 선이 그림이 되었습니다

E는 H와 한 팀을 이루었다. 각자 낙서하듯이 선을 그린 후 선 속에서 둘이 함께 모양을 찾고 그 모양을 오린 후 이야기를 만들었다.

| 명화 | 작품 |

〈E와 H의 난화이야기〉

모양: 눈사람, 안경, 풍선, 고래, 마늘

어느 추운 겨울날 갑작스럽게 의식이 생긴 눈사람이 지나가던 사람들을 구경하다가 문득 사람이 되고싶어졌다. 최대한 사람처럼 보이기 위해서 안경을 주워 썼다. 지나가던 사람들에게 미지의 대륙에서는 눈사람도 사람이 될 수 있다는 이야기를 듣게 된다. 그래서 풍선을 들고 날아가려고 하는데 실패한다. 눈사람은 포기하지 않고 카누를 구해 서 바다로 나간다. 바다에서 고래를 만나 길을 물어보며 결국 미지의 대륙에 도착했다. 그 곳에서 쑥과 마늘을 먹으면 사람이 될 수 있다는 소문을 듣고 쑥과 마늘을 열심히 찾아다녔다. 마늘은 찾았으나 쑥을 찾지 못해 주변에 있는 양파를 먹었는데 역시나 사람이 되지 못했다는 슬픈 이야기이다.

이야기는 여러 가지 시도를 하나 이루지 못한 슬픈 결말로 끝나 군생활의 막막함이 드러나 보인다. E는 소감문에서 혼자 하는 활동도 좋으나 동기와 함께 머리를 맞대고 이야기를 만들면서 뜻밖의 상상력이 발휘되어 살아있다는 느낌이 들었으며 마음껏 웃어 동기들과 가까워진 느낌이 든다고 했다. 아무렇게나 선을 그리면서 모양을 찾을 때 자유로움과 재미를 느꼈고, 동기와 이야기를 만들 때 상상력이 많이 발휘되었으며, 우리들의 불규칙적이고 자유분방한 그림 속에서 어떤 형태와 사물을 찾는 것이 재미있어서 스트레스가 풀렸다고 했다.

긍정적인 영향을 준 사람이 떠오르지 않습니다

명화

작품

E의 작품을 살펴보면, 애니메이션을 금색으로 빛나게 표현하여 E에게 애니메이션은 굉장히 흥미롭고 즐거움을 주는 대상임을 알 수 있다. 반면 두 사람 사이를 회색으로 표현했는데, 회색은 침울하고 의기소침한 이미지를 가지고 있어 애니메이션을 소개해 준 친구에 대한 후회의 마음을 엿볼 수 있다.

E는 긍정적인 영향을 준 사람을 표현해 보자고 했을 때 거의 15분 정도 아무것도 그리지 못하고 어쩔 줄 몰라했다. 나는 E가 다른 동기들은 다 그리고 있는데 자신만 그리지 못해 초조해할까 봐 천천히 해도 되고 생각이 나지 않으면 그리지 않아도 된다고 안심을 시켰다. 평소에 미술활동을 좋아하고 무언가 표현하는 것을 어려워하지 않았는데 긍정적인 영향을 준 사람에 대한 주제가 E에게 무겁고 어려운 것으로 보였다. E는 소감문에서 자신에게 영향을 준 사람은 왜 하나같이 다 흑역사를 같이 했는지 모르겠다며 자신이 게임 중독인 면이 있어 애니메이션을 소개한 친구가 원망스럽기도 하지만 즐거움을 주기도 하여 그 친구가 고맙기도 하다고 했다.

저는 그냥 재미있는 사람입니다

명화

작품

"내가 보이고 싶은 모습에 광대를 그렸습니다. 그냥 재미있는 사람이 나라고 생각됩니다. 내가 보이고 싶은 모습도, 보이는 모습도 재미있는 것인 것 같습니다. 그 외 다른 사람의 생각에는 그다지 신경 쓰지 않으려고 노력합니다. 어차피 나를 좋아하는 사람은 내가 어떻게 하더라도 나를 좋아할 것이고 나를 싫어하는 사람은 내가 아무리 이쁜 짓을 해도 나를 싫어한다고 봅니다. 그냥 친한 친구 두 세 명만 있으면 그걸로 만족합니다."

E의 작품을 살펴보면, 보이고 싶은 모습을 다양한 색과 모양으로 화려하게 꾸며 존재감 있는 모습으로 보이고 싶은 욕구가 보인다. 별은 희망이나 아름다움을 상징하고 입은 타인과 접촉하고 싶은 정서적 욕구를 나타내는 것으로 볼 수 있다. E는 자신을 광대라고 표현했다. 광대라는 것이 나의 슬픔을 숨기고 다른 사람을 위해 웃어야 하는 존재이기에 다른 사람을 웃기거나 눈에 띄는 행동으로 자신의 존재감을 드러내려 한다는 것을 알 수 있다. 또한 다른 사람이 자신을 어떻게 생각하는지 신경 쓰지 않는다는 말도 이미 자신을 좋게 보지 않을 것이라고 판단한 것으로 보여 E가 처음에 군생활 적응의 어려운 원인을 '낮은 자아존중감'으로 적은 것과 연관이 있어 보인다. E는 소감문에서 가면이라는 특이한 방법을 이용해서 나를 표현하니 다른 사람이 자신을 재미있는 사람으로 봐주면 좋겠다는 것과 그것이야말로 자신이 눈에 띌 수 있는 방법이 아니었을까 생각해보았다고 했다.

미끄럼틀을 타고 나가고 싶습니다

명화

공동작품

"제가 일본어를 할 수 있다는 것이 장점인지도 몰랐습니다. 전역해서 하고 싶은 것에 대해서 강점과 묶어서 생각해봤는데 일본에 가고 싶은 것과 일본어를 잘한다는 점이 묶였습니다. 강점과 묶어서 앞으로 할 수 있는 것을 찾아봐야겠다는 생각이 들었습니다."

E의 작품을 살펴보면, 군에서 최대한 빠르게 탈출하고 싶어 사다리 대신 미끄럼틀로 표현하여 일상으로 돌아가고 싶은 마음을 드러냈다. E는 가운데 군대를 그리며 ROKA라고 썼다. ROKA라는 것이 무엇이냐고 묻자 'Republic of Korea Army'라는 뜻이라고 하며 으쓱해했다. E는 소감문에서 그동안 자신의 강점에 대해 생각해보지 않았는데 선생님과 동기들이 자신이 일본어를 잘한다는 것을 인정해주자 자신의 강점이라는 것을 인식했다고 말했다. 그래서 전역 후 하고 싶은 것과 자신의 강점을 묶어서 잘 할 수 있는 것을 찾아봐야겠다는 생각이 들었다고 했다. 또한 개인활동이 아니라 공동활동을 통해 이야기를 나누는 과정에서 자신의 이야기가 반영되니 뭔가 공동작품에 기여를 한 것 같아 자존감이 높아졌다고 했다.

서브컬처매니아는 저를 상징하는 단어였습니다

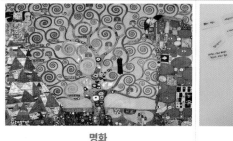

명화

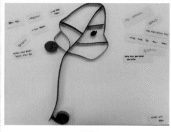

작품

"동기들이 써준 장점을 들으니 내가 '서브컬처매니아'라는 별명이 맞구나 하는 생각이 들었습니다."

E가 중간에 참여하여 작품을 완성하지 못해 작품에 대한 평은 생략한다. E는 동기들로부터 주로 '유머가 있다, 창의적이다, 예술적이다'라는 피드백을 들었으며 '창의적'이라는 피드백이 가장 좋다고 했다. E는 소감문에서 자신의 장점에 대해 알아간 것이 재미있었다고 했다. 또한 사회에서는 '서브컬처'라고 하면 무시하기도 하고 인정해주지 않는데 동기들이 자신의 작품을 예술적, 창의적으로 생각해주는 것이 고맙고 이러한 장점을 더 키워야겠다는 생각이 들었다고 했다. 미래에 대한 생각을 별로 하지 않고 살아왔는데 이 시간을 발판 삼아 앞으로 구체적으로 고민해보겠다고 했다.

이 프로그램은 나에게 '오작교'였습니다

이 프로그램은 나에게 '오작교'였습니다. 왜냐하면 동기들과 나를 이어주었기 때문입니다.

"저는 솔직히 자존감이 좀 낮은 편입니다. 별로 내세울 것도 없고 자신감이 없습니다. 특히 사람들과의 관계에 대한 것이 어렵습니다. 미래를 생각해보자고 했을 때도 떠오르는 것이 없었는데 다 제가 자존감이 낮아서인 것 같았습니다. 군에 와서 오히려 사회적 계급과 상관없이 동기들이 저를 있는 그대로 받아 주는 것에서 용기를 얻었습니다."

E는 추후소감문에서 개인적 변화로는, 여러 가지 명화를 보고 미술활동을 통해 나를 표현해가며 자신에 대해 많이 알게 되었다고 했다. 낯가림이 심해 친구가 많지 않고 사람들 앞에서 말을 하는 것이 어려웠는데 여기서는 동기들과 선생님이 다 받아 주니 다른 사람들 앞에서 말을 하는 것이 조금 쉬워진 것 같다고 했다. 또한 흔하지 않은 명화들이 마음에 남고 명화감상이 어려운 것이 아니라는 것을 알게 되었다고 했다. E는 군에서는 창의적인 활동을 해 볼 기회가 없는데 자신의 창의적인 생각을 표현하면서 자신이 살아있다는 기분이 들었다고 했다. 동기간 변화로는 동기들이 잘 받아 주고 인정해주어 든든한 지원자가 많이 생긴 것 같다고 했다. 동기들과 친해진 것이 군생활을 하는 데 큰 힘이 되었으며 사회에서는 취향이 맞는 친한 친구들이랑만 어울렸으나 군에서는 두루두루 친해지고 다양한 개성을 가진 동기들이 자신을 이해해주어 마음이 편해졌다고 했다. 다른 선임이나 후임을 봐도 우리 동기들처럼 가깝게 지내는 사이는 없는 것 같아 뿌듯하다고 했다.

입대 전의 E는 게임이나 에니메이션 중독 증상을 보였고 마음에 맞는 소수의 친구들과만 어울리며 불규칙적인 생활을 했는데 군에 와서 규칙적이고 균형 잡힌 생활을 하며 안도감을 느끼고 있었다. 반면 군생활에서 오는 상하관계를 유독 어려워하고 불안해했는데 이러한 이야기를 털어놓았고, 동기들이 공감하며 팁을 주자 E는 조금씩 마음의 평정을 찾아갔다. 또한 E는 사회에서 서브컬처를 인정받지 못했는데 E의 작품을 본 동기들이 창의적이라는 긍정적인 피드백을 받으면서 자존감이 높아졌다. E는 그동안 자신의 강점을 인지하지 못하다가 일본어를 잘 구사하는 것을 자신의 자산으로 인식하게 되었고, 일본어를 활용한 미래를 꿈꾸게 되었다.

꿀벌: 진지하고 자기 성장 욕구가 강한 F

F가 닉네임 정하는 것을 어려워하자 한 동기가 F의 보직이 꿀보직이라며 '꿀벌'로 지어주었고 F 또한 동의했다. F는 군생활 적응의 어려움을 '불안'과 '대인관계'로, 그 이유를 '자신의 부족함'이라 했다.

군생활을 잘 견뎌내고 싶습니다

명화

작품

"이 자화상이 일단 색감이 밝아서 마음에 들었고 이 화가는 자화상을 그릴 때 자신의 모습을 객관적으로 그린 것 같아 이 그림을 본 따 그렸습니다. 다른 그림들은 감정이 과도하게 노출되어 보입니다. 지금 상황이 혼란스러워서 바탕을 어지럽게 표현했습니다. 이러한 혼란 속에서도 나를 잃지 않고 잘 견디고 싶은 마음을 표현했습니다. 군생활은... 사회보다 힘들긴 한데 견딜만합니다."

F의 작품을 살펴보면, 지적 욕구가 많은 눈과 표정에서 긴장을 놓지 않는 모습을 볼 수 있으며 귀를 세밀하게 표현하여 집중력 있게 듣고 있는 모습을 나타냈다. 이는 바탕을 소용돌이로 표현한 것과 대비되는데, 군생활이 혼란스러움에도 평정심을 유지하려고 노력하고 있으며 군생활에 잘 적응하고자 하는 의지를 느낄 수 있다. F는 파란색을 많이 사용했는데 파란색은 감정을 조정하고 순응시키는 작용을 하며 심리적 독립성과 내면의 목소리에 귀 기울이려는 성향

이 있으므로 자신을 통제하려는 의지와 군생활을 잘하고 싶다는 기대를 나타낸다. F는 소감문에서 자화상에 담긴 화가의 감정을 알아가는 과정이 흥미로웠고, 명화를 보고 느낀 감정과 화가의 의도가 너무 달라 신기했다고 했다. 그림을 잘 그리지 못해 부담이 있었는데 미술작품 완성 후 어떤 기준에 맞춰 평가하는 것이 아니라 내 감정이나 생각을 표현하는 것이라 편안했다고 했다. 미술작품으로 자신의 모습을 들여다볼 수 있는 기회가 되었으며 앞으로도 적극적으로 자신의 감정을 그림으로 표현해보고 싶다는 생각이 들었다고 했다.

일상이 그립습니다

명화	작품

"마스크를 안 쓴 유일한 사진을 골라왔습니다. 제 얼굴에 잡지에서 내가 좋아하는 스타일의 옷과 신발, 먹고 싶고 보고 싶고 가고 싶은 곳, 쉬고 싶은 마음을 표현했습니다. 이곳에서 이룰 수 없는 것들을 한 번 나타내보니 일상이 그리워졌습니다. 그때가 참 좋았던 것 같습니다. 그때는 잘 몰랐습니다."

F의 작품을 살펴보면, 자신의 모습에 아웃라인을 그려 어떠한 상황에서도 자신을 지키려는 의지가 보이며 자신의 힘든 모습을 남에게 보이기 싫은 자기방어 기제가 발동함을 알 수 있다. 아웃라인를 통해 바깥과 외부를 분리함으로써 쉬고 싶거나 놀러 가고 싶은 욕구가 크지만, 실현 불가능한 현재 상황에서 이러한 감정 속으로 들어가지 않으려는 자기 컨트롤이 강하다고 볼 수 있다. F는

소감문에서 동기들 사진을 보면서 역시 머리가 짧았을 때랑 길었을 때가 정말 다르다는 것을 느꼈고 동기들이 모두 재미있어 사회에서 만났더라면 더 재미있게 지냈을 것 같다고 했다.

하얀 스펀지처럼 흡수하고 싶습니다

| 명화 | 작품 |

"가운데 하얀색이 저의 현재 감정이고 나머지는 여기서 만나는 다양한 사람들의 감정입니다. 저는 하얀 스펀지처럼 다양한 사람들의 좋은 것을 많이 받아들이고 발전시키고 싶습니다."
"핸디코트란 재료에 물감을 섞어 맨손으로 그려봤는데 감촉도 신기하고 재미있었고 눈으로 보기에도 매우 즐거운 시간이었습니다. 평소에 생각도 많고 스트레스도 많았는데 조물락만지면서 느낌이 가는대로 창작을 하다 보니 스트레스가 풀리는 좋은 경험을 했습니다."

F의 작품을 살펴보면, 화면에 다양한 색을 가득 채움으로써 F의 정서가 풍부하고 열정이 많음을 알 수 있다. 자기 주변의 색을 자신이 부여했다는 것은 색과 관련된 정서 인식이 되어있음을 나타낸다. 다른 사람들의 정서를 무지개색 혹은 파스텔색으로 표현함으로써 자신 안에 부드럽고 따뜻한 정서가 있으며 다른 사람들의 이러한 따뜻함 또한 흡수하고 싶다는 소망이 보인다. F는 소감문에서 자신의 감정을 다양한 색으로 표현해 보니 자신의 감정이 극대화된다고 느꼈으며 자신이 어떤 상태인지, 어떤 사람인지도 생각해볼 수 있었다고 했다.

장애물에 걸린 느낌입니다

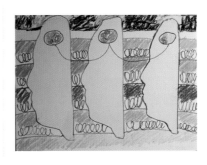

명화	작품

"제 주변 친구들이 저한테 영향을 많이 끼쳤기 때문에 주변 사람들과 연결되어 있는 느낌을 표현했습니다. 저는 사실 사회에 있을 때 다른 사람들에게 좋은 영향을 받으며 발전을 위해 노력을 많이 하는 편인데, 그래서 사실 빨리 뛰고 싶은데 지금은 장애물에 걸려 넘어진 느낌이 듭니다. 수렁에 빠진, 갇힌 느낌이 듭니다. 그래서 지금은 누구에게 영향을 받기도 어려운 것 같습니다."

F의 작품을 살펴보면, 사람들이 뇌로 연결되어 있어 F의 이지적, 이성적인 성향을 알 수 있으며 지적으로 탐구하고자 하는 욕구가 강함이 드러난다. 반면 모두 한 방향을 바라보고 있어 나만의 경계를 세우고 꿈이나 가치관이 비슷하거나 같은 부류의 사람들만 어울리는 것을 선호하는 것으로 보인다. F는 소감문에서 자신에게 지속적으로 영향을 미치는 사람들을 표현해 보니 군생활에서도 어떤 사람에게 영향을 받을지 궁금해졌으며 자신이 영향을 받는 만큼 자신도 다른 사람에게 좋은 영향을 주고 싶은 마음이 들었다고 했다.

막막하지만 나의 강점을 발전시켜 나가고 싶습니다

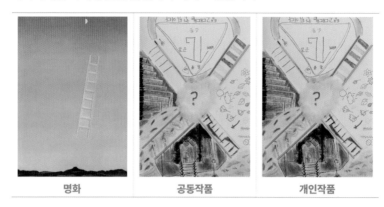

| 명화 | 공동작품 | 개인작품 |

"규칙적인 생활만 하다 보니까 도시의 큰 건물에 압도되는 느낌입니다. 밖으로 나가는 계단도 삐뚤삐뚤하여 올라가기 쉽지 않습니다. 명령에만 따라야 하고 똑같은 옷을 입고 이병 일병 1, 2로 취급되니까. 뭔가 의견을 낼 수도 없고 불만을 표시할 수도 없이 그냥 무언가에 억눌리는 느낌이 듭니다. 나는 아무것도 아니다 하는. 전역은 까마득하고 여기서 잘해야 할텐데 라는 걱정도 많습니다."

F의 작품을 살펴보면, 빨간색과 파란색의 대비로 긴장감을 느낄 수 있으며 똑같이 생긴 높은 빌딩을 표현했다. 빌딩은 힘을 상징하고 높은 빌딩은 답답함, 각박함, 불안을 상징한다. 자신의 개성을 드러내지 못한 채 살아가고 있는 현재 모습과 경쟁 의식이 투사되었다. F는 소감문에서 이 시간에 눈치 안 보고 허심탄회하게 말할 수 있는 것이 군생활과 달라 편하다고 했다. 명화를 보면서 사다리가 달에 다다르려고 노력하는 것처럼 자신도 원하는 곳에 다다르기 위해서는 가만히 멈춰 있어서는 안 되며 노력을 해야 한다는 것을 느꼈다고 했다. 이에 군생활을 하면서 긍정적인 마음으로 나의 강점을 발전시키고 새로운 강점을 만드는 것이 생산적이라고 생각하게 되었다고 했다.

실수하는 모습을 보이고 싶지 않습니다

명화 　　　　　　　　　　　　　　 작품

"제가 보여주고 싶은 모습은 뇌에 든 게 많아 보이는 것입니다. 또 입에 많은 것을 담은 이유는 재미있게 말하고 싶은 마음입니다. 현명하지 않은 모습, 실수하는 모습, 게으른 모습은 보이기 싫습니다. 더 있을텐데… 일단 멍청해 보이고 싶지 않습니다. 실수하면 안 되는 타이밍에 실수하면 사람들이 얘는 왜 여기서 실수하지? 이런 생각을 할 테고. 현명하게 보이지 않으면 '뭐야, 얘 별로 안 똑똑하네?' 하면서 사람들이 저한테 실망할 것 같습니다."

F의 작품을 살펴보면, 최대한 다양한 재료를 사용함으로써 모든 것을 갖춘 근사한 사람이 되고 싶은 욕구가 많고 완벽성을 추구하는 것으로 보인다. F는 소감문에서 자신이 보이고 싶은 모습과 보이기 싫은 모습, 그리고 그 이유에 대해 깊이 있게 생각하게 되었다고 했다. 보이고 싶은 모습 중 남들에게 자신이 원하는 대로 보이는 부분이 있는가 하면 그러지 못한 부분이 있을 수 있다는 것을 알게 되면서 다른 사람에게 좋은 모습을 보이기 위해 무엇을 해야 할지 생각하게 되었다고 했다.

열매를 맺는 삶을 살아가겠습니다

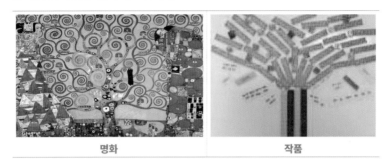

| 명화 | 작품 |

"나의 나무를 만들어보니 내가 생각하는 이상적인 나무가 무엇인지 생각하게 되었습니다.
이렇게 튼튼하고 큰, 열매가 무성한 나무가 되고 싶습니다. 명화 속의 황금색이 마음에
들어 황금사과를 만들었습니다."

F의 작품을 살펴보면, 수관이 풍성하고 줄기도 두껍게 표현해서 이루고 싶
은 게 많음을 알 수 있다. 나무가 반듯하게 서 있고 한쪽으로 기울어지지 않으며
지지대를 눈에 띄게 표현하여 조화로워 보인다. 초록색 가지와 금색 열매를 풍성
하게 표현했는데, 초록색은 희망과 젊음, 생명, 새로운 시작을 상징하고 금색은
최고, 명예를 상징함으로써 성장과 성취욕구가 많음을 알 수 있다. 또한 이상적
인 나무를 그렸다는 것은 이상적인 삶에 대한 인식을 한 것으로 자기 삶의 의지
와 방향을 알게 되었다는 뜻으로 보인다. F는 동기들로부터 주로 '과묵하다, 생
각이 깊다, 진지하다, 학구적이다'라는 피드백을 받았다. 특히 첫 시간 F가 꿀 보
직을 맡아 닉네임을 꿀벌이라고 정해준 동기가 F에게 꿀벌이라는 닉네임이 처음
에는 꿀 보직 때문이었는데 지금은 무슨 일이든 열심히 하는 모습 때문이라 정정
하고 싶다고 말하여 초기의 장난이 지지로 변화되었다. 재미있는 모습으로 보이
고 싶다는 F의 말에 A는 F가 자주 웃으면 더 좋을 것 같다고 말했다. F는 A에게
고마움을 표현했으며 자신의 무표정을 인식하지 못했는데 앞으로는 자주 웃겠다
고 했다. 만약 선임이나 간부가 '너 좀 웃어라'하는 식의 지적을 받았다면 F가 변
화하기 어려웠을 것이다. 친밀감과 유대감이 돈독해진 분위기 속에서 동기의 말

은 자신을 위한 조언임을 알고 고마워했다. F는 소감문에서 다른 사람들이 보는 자신의 모습에 대해 객관적으로 알게 되었다고 했다. 자신은 유머가 있는 사람으로 보이고 싶었는데 표정 변화가 없어 진지하게 보이는 것을 알게 되었으며 그것을 보완하고 싶다고 했다. 군생활을 하면서도 자신의 강점을 발전시키고 또한 새로운 강점을 만드는 것이 생산적이라고 생각한다고 했다.

목표는 세우는 것이 아니라 생겨나는 것이라 생각합니다

명화   작품

"여러 개의 미래의 섬 꼭대기에 꽃을 그려 계속해서 목표를 달성하고자 하는 마음을 표현했습니다. 목표는 세우는 것이 아니라 무언가를 하다보면 저절로 생기는 것이라 생각합니다. 저도 군에서의 많은 경험을 통해 이 그림에서처럼 단계적으로 목표를 향해 가고 싶습니다. 별을 그린 것은 밤하늘의 별을 보면서 희망을 가지겠다는 것입니다."

F의 작품을 살펴보면, 모든 봉우리에 꽃이 피어있는데 꽃은 생명력의 이미지를 가지고 있어 무언가를 이루고 싶은 욕구로 보인다. 산은 극복해야 할 문제를 시사하는데 산이 높고 뾰족하지 않아서 자신은 충분히 할 수 있다는 자신감을 엿볼 수 있고, 주황색은 인식과 깨달음의 색으로 성취에 대한 노력과 추구를 상징하므로 한꺼번에 너무 많은 욕심을 내지 않고 단계적으로 하겠다는 의지가 보인다. 또한 밤하늘에 눈에 띄는 별을 통해 희망을 보여준다. F는 소감문에서 군생활을 하면서 많은 사람에게 배우면서 나의 미래를 향해 노력하겠다고 다짐했다.

이 프로그램은 나에게 '거울'이었습니다

이 프로그램은 나에게 '거울'이었습니다. 왜냐하면 나의 미술작품에 내 마음과 가치관이 그대로 투영되어 나 자신을 되돌아보는 기회가 되었기 때문입니다.

F는 추후소감문에서 개인적 변화로는, 자신만의 방식으로 만든 작품에 마음이 잘 드러나는 것이 신기했으며 자신의 부족함을 알게 되면서 자신을 더 발전시켜야겠다고 다짐했다고 했다. 자신의 부정적인 감정을 드러내는 것이 자신을 약하게 보이는 것이 아니라는 것을 깨달으며 감정 표현을 더욱 잘하게 되었다고 했다. 특히 원래 명화에는 관심이 없었는데 요즘은 인터넷 검색으로 명화를 찾아보기도 하고 명화가 어떤 것인가에 대한 관심이 생겼다고 했다. 만약에 이런 수업을 하지 않았더라면 개인정비시간에 절대 명화를 검색해서 알아볼 일은 없었을 것이라 했다. 또한 미술활동 전에 명화감상을 하니 바로 미술활동으로 들어가는 것보다 명화를 통해 얻은 나의 감정이나 생각을 정리할 수 있었다고 이야기했다.

동기 간 변화로는, 군생활 안에서 자신의 생각이나 마음을 이야기할 시간도, 들어주는 사람도 별로 없는데 내 생각과 마음을 논리정연하게 이야기할 수 있는 기회가 생긴 것 같다고 했다. 또한 동기들이 자신의 이야기를 잘 들어줘서 든든한 지원자가 생긴 것 같다고 했다. 동기들에 대해 알게 되면서 이해의 폭이 넓어지고, 동기들을 더 소중하게 대해주고 존중해줘야겠다는 마음이 들었다고 했다. 또 동기들에게 배울 것이 많아 서로 좋은 영향을 주고 받으며 발전해나가고 싶고, 동기들을 통해서 자신의 부족한 면을 보완해 가고 있다고 했다.

F는 이성적이고 긍정적인 반면, 자기방어가 강한 편으로 완벽한 성향을 보였다. 다른 병사들과 달리 군생활 적응 어려움의 원인을 '자신의 부족함'으로 생각했는데 이는 자신이 아직 배워야 할 것이 많다는 뜻으로 군생활의 고됨이

나를 성장시켜 나가는 계기로 삼는다는 의미로 볼 수 있다. 군생활을 수동적으로 받아들이는 것이 아니라 자기 사유의 발판으로 삼는 좋은 강점이라고 할 수 있다. F는 유독 '영향'이라는 단어를 많이 사용했는데, 이는 군생활 속에서도 서로 좋은 영향을 주고받으며 발전하고 싶은 욕구가 크다고 볼 수 있다. F는 매 회기 색과 매체를 다양하게 쓰면서 자신 안에 풍부한 감성이 있다는 것을 깨닫게 되었고 점점 자기방어를 낮추고 유연해져갔다. F는 정서가 풍부함에도 그동안 자신의 이성적인 면에만 집중하여 그러한 자신을 느끼지 못하고 있었다. 하지만 프로그램을 통해 다양한 재료와 방법으로 미술활동에 집중하고 몰두하면서 어린아이로 돌아가는 경험을 했고, 이는 자신을 느슨하게 만들고 자신의 다양한 캐릭터나 잠재력까지도 들여다볼 수 있는 계기가 되었다고 했다.

인어공주: 과묵함 속에 카리스마 있는 G

G가 닉네임 정하는 것을 어려워하자 한 동기가 G가 말이 없는 편이라며 '인어공주'라는 닉네임을 지어주었고 G 또한 동의했다. G는 군생활 적응의 가장 큰 어려움을 '대인관계'와 '스트레스'라고 했고, 그 원인을 '상하관계'라 말했다.

어쩔 줄 모르겠습니다

명화	작품

"보자마자 이 명화가 맘에 들었습니다. 이거다 싶었습니다. 경악스러운 표정이 지금의 나를 대변해주는 것 같았습니다. 아침에 기상나팔 울릴 때의 나의 표정입니다. 귀에서 피가 나는 것 같습니다. 원래 사회에 있을 때 늦게 자는 편이었는데 일찍 일어나야 하는 것이 힘듭니다. 항상 피곤합니다. 어쩔 줄 모르는, 내 힘으로 안 되는 이 상황을 표현했습니다."

G의 작품을 살펴보면, 혼란스러운 표정에서 현재 자기 마음대로 할 수 없는 어려운 상황이 보이며 입을 빨간색으로 강조하여 자신의 욕구나 바람이 강하게 있음을 표현했다. G는 자화상으로 활용할 명화를 금방 골랐다. 명화가 나의 힘듦을 알아주는 것 같은 공감을 받은 것으로 보인다. 또한 기상 시간에 나팔 소리가 울리면 투덜거리지도 못하고 빨리 준비해야 하는 현실에서 신체적으로 힘든 상황이 드러난다. 적응에 하는 데 있어서 생체 리듬 적응도 중요한 부분임에도 G는 아직 이 부분에 어려움을 겪는 것으로 보였다. G는 소감문에서 각 명화마다 개성이 남달라서 명화가 품고 있는 각각의 이야기들을 느낄 수 있었고

특히 명화가 자신의 마음을 대변해주는 것 같아서 위로를 받았다고 했다. 또한 자신이 그린 그림과 함께 자기소개를 하니 말로는 표현할 수 없는 마음들이 그림에 묻어나오는 것 같아 신기했으며 말로 자기소개를 했다면 피상적으로 이야기했을 것 같다고 했다.

어떤 차를 타고 여행을 갈까 상상합니다

| 명화 | 작품 |

"전 전 여친이 찍어준 사진으로 수목원 의자에 편하게 앉아있는 사진을 골랐습니다. 여행 가고싶은 마음이 많이 들어 잡지에서 자동차를 붙여서 편하게 여러 종류의 차를 보고 어디로 여행갈까 생각하고 있는 나를 표현했습니다."

G의 작품을 살펴보면, 자동차는 남성적, 에너지, 추진력을 상징하며 내가 운전한다는 의미의 주체성을 나타내기에 군에서 자율적인 생활을 하지 못하는 것에 대한 불만을 표현했고, 자신을 위쪽에 배치함으로써 이 상황을 통제하고 싶은 욕구 또한 보인다. G가 전 전 여자친구가 찍어준 사진이라 했을 때 동기들은 전 여자친구가 아니라 전 전 여자친구인지 다시 물었고 G가 그렇다고 하자 능력자라면서 부러움을 표현했다. G는 소감문에서 미술활동이 재미있었으며 동기들의 성격이나 특징을 잘 모르고 있었는데 각자의 작품을 통해 대화를 나누다 보니 한층 더 친해진 것 같았다고 했다.

현재 감정이 어떤지 잘 모르겠습니다

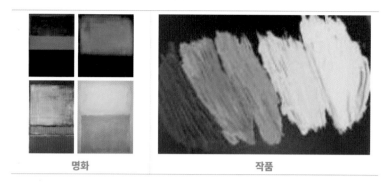

| 명화 | 작품 |

"현재 어떤 감정인지 잘 모르겠습니다. 혼란과 복잡한 것이 다 섞여 있습니다. 같은 동네에서 나랑 비슷한 사람들과 어울리다가 그동안 살아온 사회랑 완전히 다른 군대에 와서 처음에 문화 충격을 받았고 낯선 사람들과 생활해야 하니 뭐가 뭔지 혼란스러운 것 같습니다. 또 기계처럼 감정을 누르다 보니 감정을 나타내기 어려운 것 같습니다."

G의 작품을 살펴보면, 대각선의 배열로 역동성이 느껴지고 왼쪽부터 차츰 밝아지게 표현하여 현재 상황을 긍정적으로 보고 싶은 소망이 보인다. 좋아하는 색은 보라색이라고 했는데, 보라색은 다른 사람과는 차별된 자신의 세계를 찾으려는 사람에게 주로 나타나는 색으로 G는 군생활의 혼란스러움 속에 존재감을 나타내고 싶다는 소망을 표현했다. G는 소감문에서 오로지 색으로 이루어진 명화가 신선하다고 느꼈지만, 현재 상황이 혼란스러운 까닭인지 자신의 감정을 막상 색으로 표현하는 것은 어려웠다고 했다. 반면 군에서는 볼 수 없는 명화 속 색감의 조화가 자신의 마음을 끌어내어 따뜻해졌다고 했다.

가장 큰 영향을 준 상황은 불침번입니다

명화

작품

"긍정적인 영향을 준 사람은 생각이 나지 않고 지금 영향을 주는 일만 생각납니다. 새벽 4시 15분 불침번을 서야 해서 누군가 나를 깨우는 그림입니다. 밤과 해 뜨기 전 새벽의 경계를 표현해 보았습니다. 잘 때 누가 건드리는 게 너무 싫은데 깨우니까 기분이 좋지 않아 말풍선에 …으로 표현했습니다. 잠자는 시간이 규칙적이지 않으니 리듬이 깨져 항상 피곤합니다. 이틀에 한 번꼴로 불침번이 돌아옵니다. 아침에 불침번을 선 사람들은 좀 자게 해주면 좋은데 그렇지 않습니다."

G의 작품을 살펴보면, 긍정적인 영향을 준 사람이 주제였음에도 불구하고 새벽에 일어나야 하는 힘든 상황을 표현하여 긍정적인 생각을 할 겨를이 없음을 알 수 있다. 또한 자신을 표현할 때 눈, 코, 입이나 윤곽이 없는 투명 인간처럼 그려 아무 생각 없는 멍한 상태인 것과 피곤함을 드러냈다. G는 소감문에서 긍정적인 영향을 준 사람보다는 부정적인 영향을 준 상황만 떠올랐고 자신의 작품을 다시 보니 현재 긍정적인 영향을 끼친 사람을 생각할 수 없는 정도로 자신이 혼란스러워 한다는 것이 선명하게 느껴졌다고 했다.

시간이 해결해주리라 믿습니다

| 명화 | 공동작품 |

"담벼락으로 둘러싸여 갇혀있는 느낌입니다. 전역하는 길이 쉽지 않기 때문에 일부러 사다리에서 계단을 다 그리지 않았습니다. 전역까지 가는 길은 위험합니다. 막막합니다. 그래서 전역으로 가는 사다리는 아직 공사 중이라 써 있고 마지막 계단에는 위험 표시를 했습니다. 나를 버티게 하는 힘은... 시간이 해결해주리라 믿는 것이라 생각합니다."

G의 작품을 살펴보면, 군을 표현할 때 다른 동기들처럼 어둡게 그릴 수도 있는데 부대 마크를 그림으로써 현재 상황은 너무 힘들지만 벗어날 수 없음을 인지하고 적응하려는 노력을 엿볼 수 있다. G는 소감문에서 동기들도 나만큼 힘들다는 것을 알게 되면서 불침번 때 자신을 깨우는 동기도 힘들 것이라는 생각도 들었다고 했다. 또한 개인적인 활동을 더 선호하는데 단체로 만드는 활동도 재미있었고 이런 동기들이라면 무엇을 해도 재미있을 것 같다는 생각이 들었다고 했다.

쳇바퀴 돌 듯 우리 모두 똑같습니다

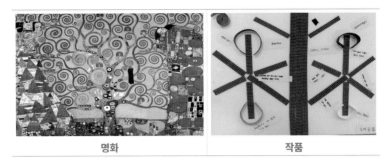

| 명화 | 작품 |

"나의 나무를 그리려 했는데 생각의 과부하가 걸려 망했습니다. 양 옆에 그린 것은 우리들 입니다. 다 똑같은 일을 하는 병사들입니다. 쳇바퀴 돌 듯 하루하루가 똑같습니다."

G의 작품을 살펴보면, 쳇바퀴 돌 듯 뱅글뱅글 돌아가는 나무 모양에서 창의적인 활동을 하지 못한 채 같은 일을 반복하는 현실에 대한 불만이 드러나 보인다. 반면 해를 그려 따뜻한 지지를 받고 싶은 마음을 표현했다. G는 동기들로부터 주로 '착하다, 배려심이 많다, 과묵하면서도 유머러스하다'라는 피드백을 들었다. 이 중 '기승전결처럼 깔끔하다'하고 말한 동기가 있어 G가 의아해하자 그 동기는 G가 맺고 끝는 것이 분명하고 일 처리를 합리적으로 잘한다고 말했다. 또한 G는 '배려심이 많다'고 피드백 받은 것도 의아하다고 했는데 많은 동기가 G는 동기들을 잘 챙긴다고 말해주어 자신도 몰랐던 장점에 대해 알아갔다. G는 소감문에서 동기들이 써준 자신의 장점에 대해 맞는 말도 있고 틀린 말도 있지만, 장점들을 듣다보니 괜스레 흐뭇해졌다고 했다. 또한 미술작품이 생각대로 표현하기가 어려워 망쳤다고 이야기했을 때 선생님이나 동기들이 "괜찮다, 잘했다"라고 말해 위로가 되었으며 군대에서는 잘못하면 항상 혼나는데 그렇지 않아 편안했다고 했다.

이 프로그램은 나에게 '휴식처'였습니다

이 프로그램은 나에게 '휴식처'였습니다. 왜냐하면 힘들고 지친 군생활에 동기들과 잠시나마 쉬어갈 수 있었기 때문입니다.

G는 추후소감문에서 개인적 변화로는, 명화에 관심이 전혀 없었는데 이번 기회로 명화에 흥미가 생기게 되었고 각 화가의 메시지가 인상적이었다고 했다. 자신에 대해 깊이 있게 생각해 본 적이 없었는데 명화를 통해, 미술작품을 통해 자신의 감정들을 느끼며 자신에 대해 알아갈 수 있어 내가 왜 그런 마음이 들고 그런 행동을 하는지 조금씩 알게 되었다고 했다. 동기 간 변화로는, 프로그램 처음부터 동기들과 함께 하는 활동이 많아 금방 친해진 것 같고 공동활동을 할 때는 동기들과 잠시나마 하나가 된 기분이 들었다고 했다. 지금은 좋은 동기들이 많이 생긴 것 같아 군생활에 위로가 된다고 했다. 또한 그동안 사회에서 다른 사람들에 대해 신경을 안 쓰고 살았는데 앞으로는 동기들에게는 잘해주고 싶고 동기들에게 도움이 되고 싶다고 했다. 무엇보다 동기들의 성격이나 취향을 새롭고 쉽게 파악할 수 있어 동기들과의 관계가 더욱 돈독해진 것이 가장 좋았고 평소에는 선임들과 지내다가 이 시간에는 동기들끼리 있으니 너무나 편안했다고 했다.

G는 자기 의견을 내세우기보다는 다른 사람의 말을 긍정적으로 받아들이는 성향을 가지고 있었다. 동기들의 작품을 보며 궁금한 부분에 대하여 질문을 많이 하는 등 처음부터 동기들에게 관심을 보였다. 하지만 자신의 감정이나 생각을 표현하거나 구체적인 미래를 계획하는 것은 어렵다고 했다. 이는 지금까지 자신에 대한 고민을 경험해보지 못한 것에 기인한 것으로 보인다. 반면 자신은 다른 사람들의 반응에 별 관심이 없다고 생각했는데 동기들로부터 배려심이 많다는 말을 듣고 자신도 몰랐던 장점에 대해 알아갔으며 동기들과 돈독한 관

계가 되면서 도움이 되고 싶은 마음을 느꼈다. G에게 이 시간은 군생활의 피곤함 속에 동기들과의 달콤한 휴식 시간으로 편안함 속에서 자신의 감정을 충분히 표현한 것에 의미를 둘 수 있다.

인공여심폭격기: 부드럽고 자신감 넘치는 H

H는 여성들에게 인기가 많으면 좋겠다는 바람을 담아 닉네임을 '인공여심폭격기'라고 정했다. H는 군생활 적응의 어려움을 '스트레스'라고 했고, 그 이유를 '상하관계'라 말했다.

긍정적으로 군생활을 하고 싶습니다

명화

작품

"주위가 빨갛게 빛나는 나는 이유는 하늘에서 나에게 빛을 비춰주기 때문입니다. 주변을 밝게 표현해서 긍정적으로 보고 싶은 마음을 나타냈습니다. 한편 위에서 내려오는 세 줄기 빛을 통해 순간이동해서 집에 가고 싶다는 마음도 듭니다."

H의 작품을 살펴보면, 부드러운 선과 따뜻한 색상을 사용한 H가 원만한 성격임을 알 수 있다. 자신의 주변을 빨갛게 표현하여 열정적인 모습으로 군생활을 하고 싶다는 마음이 드러나고 하늘 위에서 내려오는 빛으로 존재감을 드러내고 싶은 마음 또한 엿보인다. H는 항상 나의 옆자리에 앉았다. 첫 시간에 엄마와 친구처럼 지낸다고 이야기했는데 그로 인해 나와도 거리감을 느끼지 않는 것으로 보였다. H는 소감문에서 자신이 그림을 잘 못 그리는데 명화를 본떠 자신을 표현할 수 있어서 쉽고 재미있었으며, 미술이라는 예술을 활용했기 때문에 자유롭게 자신을 표현할 수 있었던 것 같다고 했다.

잘 할 수 있을 거라고 믿습니다

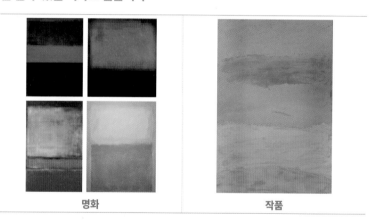

| 명화 | 작품 |

"밝게 표현하고 싶었습니다. 맨 위 분홍색은 자대 오기 전 살짝 기대감을 표현했습니다. 잘 할 수 있을 거라는 기대감이 있었습니다. 막상 와서 보니 너무 힘들어서 아래는 약간 어두운 주황색으로 표현했습니다. 기간이 지나면 좋은 날이 오지 않을까 하는 마음으로 내려갈수록 일부러 밝은색을 선택했습니다. 현재 감정보다는 희망사항을 표현했습니다."

H의 작품을 살펴보면, 색상이 파스텔톤으로 부드러우며 난색과 한색이 섞여 균형이 잡혔다. 색을 수평적으로 배치하여 정적이고 안정감을 주어 무난한 성격이 드러난다. 이 작품을 보고 한 동기가 "H답다"는 말을 했고 다른 동기

들도 H의 이미지가 나와 신기했다고 했다. 동기들에게 보이는 H는 따스한 사람으로 느껴지는 것으로 보인다. H는 소감문에서 명화들이 그라데이션을 한 것 같아 불빛을 보는 듯한 느낌이 들어 마음이 안정되었으며 색을 이용해서 자신의 감정을 자유롭게 표현한 작품을 보면서 색만으로도 명화가 된다는 것을 느꼈다고 했다. 이러한 색으로 감정을 표현하면서 마음이 차분해졌으며 핸디코트라는 매체가 주는 느낌이 마시멜로처럼 부드러워 색달랐다고 했다.

무엇을 하든, 당당하게 임하겠습니다

| 명화 | 작품 |

"입대 전 엄마랑 나들이 가던 사진을 택했습니다. 잡지에서 당당하게 서 있는 모델 옆에 쓰여 있던 '무엇을 하든, 당신답게 가능성 앞으로'라는 글귀가 마음에 들었습니다. 나를 믿으며 생활하고 싶은 마음을 표현했습니다."

H의 작품을 살펴보면, 자신을 중심에 두고 다른 모델들과 동등한 위치에 배치하여 자존감이 높고 자신감이 넘쳐 보인다. H는 소감문에서 꼭 어떤 구체적인 것을 잘 그리는 것이 아니라 자유롭게 표현해도 충분히 명화가 될 수 있다는 것을 깨달았으며 자신도 이 정도는 표현할 수 있을 것이라는 자신감이 들었다고 했다. 잡지에서 자신이 좋아하는 모델이나 글귀를 모으고 그것을 활용하여 자신을 꾸미다 보니 자존감이 올라가는 느낌을 받았다고 했다. 또한 동기들의 옛 사진을 통해 각자의 다양한 삶을 서로 나눌 수 있어서 서로를 더 많이 알아가는 계기가 되었다고 했다.

엄마가 보고 싶습니다

명화

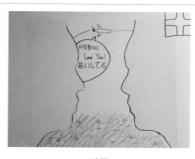

작품

"명화 속 사람과 염소가 얼굴을 마주보고 있어 서로 깊고 좋은 감정이 있을 것이라는 느낌이
들었습니다. 친구처럼 지내던 엄마가 생각났습니다. 결정적인 순간에 많이 도와주신 것 같
아 엄마가 고맙습니다. 사이에 비행기를 그려 집으로 빨리 가고 싶은 마음을 표현했습니다."

H의 작품을 살펴보면, 두 사람의 사이가 가까워 심리적으로 친밀함이 드
러나며 둘 사이에 텃밭을 꾸며 애착이 잘 형성되어 있음을 보여준다. H는 소감
문에서 명화를 보며 엄마 생각이 났고 엄마가 더 보고 싶어졌다고 했다. 엄마랑
평소에 가깝게 지냈는데 군에 오니 엄마의 빈 자리가 더 크게 느껴지며 엄마가
얼마나 자신에게 잘 대해 주었는지 고마움을 느끼게 되었다고 했다.

우리가 군대에 놀러온 것은 아니라고 생각합니다

명화

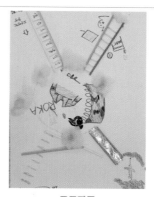

공동작품

"제대해서 나가면 대학공부, 항공 관련 자격증 공부를 잘하고 싶고 여행도 많이 하고 싶습니다. 저의 강점은 성실하고 한 번 계획하면 꾸준하게 잘하는 편인 것 같습니다."

H의 작품을 살펴보면, 비행기와 책을 그려 제대 후 전공과 관련된 공부를 열심히 하고자 하는 의지가 보인다. H는 소감문에서 자신의 강점에 대해 그냥 어렴풋이 알고는 있었지만 진지하게 생각해본 것은 처음이었다고 했다. 곰곰이 생각해보니 자신의 강점은 한 가지 목표를 세우고 꾸준히 노력하는 것이라는 생각이 들었으며 앞으로 이것을 바탕으로 이루고 싶은 것들을 이룰 수 있을 것이라는 자신감이 생겼다고 했다. 또한 부드러운 솜에 파스텔 가루를 뿌리는 느낌이 재미있었고 우리가 어린아이처럼 놀이하는 기분이 들었다고 했다.

나를 돌아보라는 의미로 다가왔습니다

| 명화 | 작품 |

"다른 사람들에게 편안하고 열정적인 사람으로 보이고 싶습니다. 꽁하고 덤벙대는 모습은 보이고 싶지 않습니다."

H의 작품을 살펴보면, 눈은 빨간색과 파란색으로, 코는 그 색을 합친 보라색으로 표현했다. 빨간색이 능동적, 역동적인 색이라면 파란색은 정신적 수동적인 색이며 보라색은 두 극단의 두 색을 맞추기 때문에 중재의 색으로 여겨져 H는 균형을 이루는 사람으로 보이고자 함이 드러난다. 또한 머리 위에 별을 표현하여 자신이 빛나고 싶은 욕구 또한 보인다. H는 소감문에서 가면 명화 속 메시지가 욕망에만 쌓여있는 자신을 돌아보라는 뜻으로 읽혔으며 가

면 활동을 통해 자신이 무엇을 중요하게 생각하는지 자신을 되돌아 보는 계기가 되었다고 했다.

나 자신을 잘 이끌어 가겠습니다

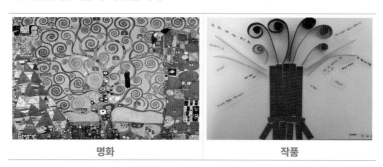

| 명화 | 작품 |

"일반적인 나무의 형식, 보이는 대로 그려보았습니다. 줄기를 굵게 표현했는데 굳건함을 나타내며 나 자신을 잘 이끌고 싶은 마음을 표현했습니다."

H의 작품을 살펴보면, 줄기를 굵게 표현함으로써 자아가 튼튼함을 알 수 있으며 바깥으로 뻗어나가는 가지를 통해 에너지가 확장되고 있음을 느낄 수 있다. H는 동기들로부터 주로 '착하다, 뭐든 열심히 한다, 잘생겼다, 똑똑하다, 따뜻하다'라는 피드백을 받았다. H는 소감문에서 명화에서 나이테 형태로 표현된 나뭇가지를 보니 인생은 넓고 앞으로 해야 할 것이 많다는 것을 말해주는 것 같다고 했다. 작품을 만들 때 골판지로 표현하는 등 그리는 것뿐만 아니라 다양한 재료로 다양한 표현과 느낌을 경험해볼 수 있어서 색달랐다고 했다.

정상에 서서 시원함을 느끼고 싶습니다

| 명화 | 작품 |

"해는 활활 타오르고 있고 바다도 있습니다. 이러한 풍경을 얼른 볼 수 있다면 여기서의 답답한 마음이 확 트이고 시원해질 것만 같아 정상에서 내려다보는 풍경을 표현했습니다."

H의 작품을 살펴보면, 감정표현 작품과 비슷하게 바탕을 수평적이고 파스텔톤의 색상으로 표현하여 부드러운 느낌이 들며 떠오르는 태양을 통해 도전, 새로움, 시작, 희망을 나타냄을 알 수 있다. H는 소감문에서 명화가 탁 트인 곳에서 풍경을 바라보는 듯한 느낌이 들어 웅장하다는 생각이 들고 답답한 느낌이 해소되는 것 같았다고 했다. 명화 속 주인공처럼 미래를 뿌듯한 마음으로 바라보는 자신을 투영해보았다고 말했다. 그리고 앞으로도 힘든 일이 있겠지만 결국에는 자신이 원하는 것을 이루기 위해 노력하겠다고 했다.

이 프로그램은 나에게 '빛'입니다

이 프로그램은 나에게 '빛'이었습니다. 왜냐하면 미술활동은 나를 더 높여주고 빛나게 해주었기 때문입니다.

H는 추후소감문에서 개인적 변화로는, 원래도 명화 보는 것을 좋아하는데 수업마다 잘 몰랐던 명화를 알게 되어 영광이었고 나중에 명화 속 화가의 의도를 들어보니 흥미로웠다고 했다. 군에 와서 뜻하지 않게 많은 명화를 보면서 자신의 감정이 명화에 녹아드는 느낌을 많이 받아 신기하면서도 마음이 편안해졌다고 했다. 또한 선임이 많아 항상 긴장하다 보니 적응하기 어려운 부분이 있었는데 그때 말하지 못했던 감정들을 작품으로 표현하고 나니 마음 속 응어리들이 풀어지는 느낌이 들었다고 했다. 한편 동기들과도 마음을 터놓으며 조금씩 심적으로 치유되었다고 했다. 동기 간 변화로는, 동기들과 허심탄회하게 이야기하는 시간이 가장 좋았으며 혼자도 해 보고 동기들과 조별로 여러 활동을 해 봤는데 서로 호흡하며 소통과 공감이 된 수업이었으며 서로가 도울 수 있고 이미 돕고 있다는 생각이 들었다고 했다. 지금은 서로 너무 친해져서 좋은 에너지와 영향을 받고 있어 뿌듯하고, 예전에는 동기라도 인사도 잘 하지 않고 지나가는 경우가 많았는데 지금은 서로 장난도 많이 치면서 군생활이 조금은 버틸 만해졌다고 했다.

H는 엄마와 정서적으로 유난히 가깝고 이러한 자원들로 인해 마음의 안정감이 있으며 군생활 또한 긍정적으로 보려는 경향을 보였다. 동기들이 군에 대해 불평, 불만을 얘기하면 H는 우리가 군에 놀러 온 것이 아니며 사명감을 가져야 한다는 의견을 조심스럽게 제시하면서 군생활을 긍정적으로 받아들이려는 노력을 보였다. 또한 한 동기가 후임이 오면 제대로 군기를 잡을 거라는 말을 했을 때도 "우리가 다 지켜보겠다."고 웃으면서 말해 군 문화를 바꿔보고자 하는 마음가짐을 읽을 수 있었다. 매사 자신감이 있었으나 살아오면서 구체적으

로 자신의 장점에 대해 생각해보지 않았는데 이 시간 속에서 자신이 계획적이고 성실하다는 것을 깨달았으며 자신의 장점을 확인하면서 자존감이 더 높아졌다고 말했다.

인공페이스탑: 확실한 꿈과 예술적 감각을 가진 I

I는 자신이 학교에서 얼굴로 탑이길 원한다고 말하며 닉네임을 '인공페이스탑'으로 정했다. I는 군생활 적응의 어려움을 '대인관계'라 했고, 그 이유는 '사회와의 단절'이라 말했다.

전역이 545일 남았을 때 제 얼굴입니다

명화

작품

"이 자화상은 웃는 듯 웃지 않는 듯 묘한 느낌이 들었습니다. 군에 와서 핸드폰을 처음 받고 켰을 때 545일 남은 저의 표정이랑 똑같아서 이 그림을 선택했습니다. (웃음) 자포자기의 심정이랄까... 검은색은 깜깜한 이병이고 갈수록 색을 다르게 하여 시간이 지나 계급이 올라가면 괜찮지 않을까 하는 희망을 가져보려 합니다."

I의 작품을 살펴보면, 전반적으로 부드럽지 않은 선으로 표현하여 내적 긴장이 많아 보이고 자신을 상징하는 얼굴을 검은색으로 지워버림으로써 현재 존재감이 없고 거부되는 느낌을 받는다는 것을 알 수 있다. 반면 자신의 주변을 희망의 노랑색, 열정의 빨간색으로 표현하여 군생활에 적응하려는 의지가 보인다. I는 웃지도 울지도 않는 명화를 선택했는데, 이는 웃으면서 군생활을 하고 싶으나 그렇지 않은 슬픈 현재를 나타낸 것으로 보인다. I는 소감문에서 명화를 감상하면서 예술에 대해 생각해보았고 명화에 대해 더 알아보고 싶은 마음이 들었으며 그동안 잃어버린 미술에 대한 감정을 다시 느끼게 되어 좋았다고 했다. 또한 친하지 않았던 동기들의 작품을 관찰하면서 동기들의 성격과 진심을 보게 되어 친밀해지는 시간이었다고 했다.

사회에 나갔을 때 제 모습을 그려봅니다

명화	작품

"학교 안 커다란 비행기 모형 옆에서 찍은 사진을 가져왔습니다. 왼쪽은 지금의 마음으로 밤같이 어둡지만 오른쪽은 미래 대한항공 직원으로서 비행기를 타고 떠나는 모습을 표현했습니다."

I의 작품을 살펴보면, 비행기와 자신을 가깝게 붙이고 자신 주변을 빛나듯이 표현하여 미래에 대한 목표가 뚜렷함을 알 수 있다. 검은 밤하늘에 별을 그려 현재 군생활에 어려움이 있으나 그 안에서도 즐거움을 찾고 희망을 보고자 하는 의지가 보인다. I는 소감문에서 명화를 보면서 강렬하면서 간결하다는 느낌을 받았으며 명화는 시각적으로 아름다운 것만이 아니라 창의력이 중요함을

깨달았다고 했다. 자기 마음 속 생각을 손이 가는 대로 그려도 자신이 전달하고 자 하는 것을 잘 전달하면 된다는 생각에 예술은 개개인의 영역인 동시에 창의 력의 공존이라는 생각이 든다고 했다. 또한 동기들의 작품을 보면서 다들 창의 력이 대단하다고 느꼈으며 동기들과 이야기를 나누면서 다들 성격도 좋아 보여 의지가 된다고 했다. 미술활동에 있어서 그리는 활동 뿐 아니라 다양한 재료를 활용해서 자신을 표현하니 자신의 많은 모습을 보게 되어 색다르고 다음 시간 에는 무엇을 할까 기대가 된다고 했다.

여기서 가장 많이 드는 감정은 그리움입니다

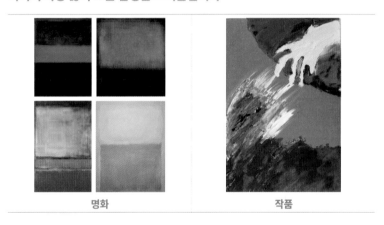

| 명화 | 작품 |

"군에서 가장 많이 드는 감정은 그리움이라고 생각합니다. 과거의 그리움이라는 바닷물을 잡았을 때 잡히지 않고 흩어지는 것입니다. (환호) 여기 오기 전 시절이 다 그립습니다. 그 때는 당연한 생활인 줄 알았습니다. 그리고 제가 군대 갈 나이가 되면 통일이 될 줄 알았 습니다. (웃음) 어찌하다 보니 제가 군대에 와 있습니다."

I의 작품을 살펴보면, 검은색으로 현재 어두운 상태를, 짙은 청색으로 무 의식 속 그리움을, 빨간색으로 만남이 이루어지는 것을 표현했다. 보색대비를 통해 감정을 극대화해 현재 존재하지 않는 것들을 안타까워하는 것이 느껴진 다. 짙은 청색은 진지하고 슬픈 기분을 나타내며 내면에 관심을 가지게 하는데, 심리적으로는 만족 및 평화를 희구하는 욕구를 대면하는 색으로 일상생활로 돌

아가 안정감을 취하고 싶은 욕구가 드러난다. I는 소감문에서 명화들 하나하나가 신기한 감정으로 남으며 자신의 감정을 말로는 표현하지 못해도 색으로는 자연스럽게 나온다는 것이 신기했다고 했다. 또한 미술활동으로 나를 표현하다 보니 마음 한 켠의 불안감이 없어지는 것 같다고 했다.

사회에서 필요하지 않은 공부를 하는 시간이 아깝습니다

| 명화 | 작품 |

"긍정적인 영향은 고등학교 때 우연찮게 핸드폰으로 대한항공 뉴스를 보고 진로를 정하게 된 것이고, 부정적인 영향은 지금 사회에서 필요하지 않는 공부를 해야 하는 것입니다. 저의 어둡고 그늘진 모습을 나타냈습니다. 근무자 자격시험을 위해 공부도 하고 외워야 합니다. 위에 써 있는 것처럼 저런 것들을 외워야 합니다. 그 시간이 좀 아깝습니다. 군대라 어쩔 수 없지만 자발적으로 하기는 쉽지 않습니다."

I의 작품을 살펴보면, 자신을 두 사람으로 나누어 한 사람은 얼굴이 드러나게, 다른 한 사람은 얼굴을 검은색으로 덮었으며 해와 달을 각각 배치하여 군에 오기 전과 온 후의 상반된 감정을 읽을 수 있다. 웃고 싶지만 웃을 수 없는 현 상황에 대한 양가감정이 나타난다. 긍정적인 영향을 받은 사람을 알아보는 주제임에도 현재 사회에서 도움이 되지 않는 공부를 해야 하는 부정적인 상황을 표현함으로써 긍정적인 것에만 집중할 여유가 없어 보였다. I는 소감문에서 명화를 보며 차가움과 따뜻함을 동시에 느꼈다고 했다. 영향을 준 사람을 다른 사

람이 아니라 나 자신이라 표현한 이유는, 자신이 바뀌는 것도 결국 다른 사람 때문이 아니라 자신이라는 생각을 했기 때문이라도 했다.

그래도 국방부의 시간은 흘러갑니다

| 명화 | 공동작품 | 개인작품 |

"무인도에 있는 성을 그렸습니다. 성에서 절대 나갈 수 없고 바다에는 탈출하려다가 죽은 사람들이 주변에 보입니다. 사다리를 타고 나가려면 피를 흘리면서 올라가야 합니다. 밖에서 볼 때는 그럴싸한데 안은 그렇지 않다는 것을 표현했습니다. 그치만 지금 하루하루 시간이 빨리 흘러가고 있고 '국방부의 시간을 그냥 흘러간다' 고 긍정적인 생각을 하며 견디고 있습니다. 네 명이 같이 그리다 보니 동기들이 각자 다른 부분에서 어려움을 느끼지만 결국 비슷하다는 생각이 들었습니다."

I의 작품을 살펴보면, 성안을 검은색으로 칠해 현재 자신의 어두움을 나타냈고 성이 바다 가운데 위치하여 바깥으로 나가고 싶지만 나갈 수 없는 막막한 상황을 표현했다. 현재의 고립감과 단절, 막막함을 사실적으로 표현할 수 있다는 것은 그만큼 '나 이렇게 힘들다'라는 표시라고 볼 수 있다. 그럼에도 긍정적인 생각으로 군생활을 하려는 것으로 보아 적응의 어려움이라는 내면의 마음을 표출함으로써 자신을 객관화시키고 자신의 에너지를 긍정적인 방향으로 돌릴 수 있다고 본다. I는 소감문에서 현재의 어려움에만 집중을 하다보니 자신의 강점을 잘 몰랐는데 선생님이 이 어려운 상황을 어떤 힘으로 버티느냐는 질문에서 자신에게 참을성과 끈기가 있음을 깨달았다고 했다. 동기들과 협동하여 미

술작품을 만들면서 서로 이야기를 나누다 보니 힘든 동기들의 심정이 잘 느껴져 동기애를 느끼게 되었다고 했다.

모든 경험은 나 자신으로 흡수됩니다

| 명화 | 작품 |

"명화가 정신없어 보였지만 자세히 보니까 규칙적인 것이 매력있다고 느꼈습니다. 독창적인 아이디어를 생각해낸 화가가 대단하다고 느꼈습니다. 나도 독창적으로 나만의 나무를 꾸며보고 싶어졌습니다. 중간에 뿌리를 은색으로 표현했는데, 이는 결국 모든 경험은 나 자신으로 흡수된다는 뜻입니다. 뻗어가는 나뭇가지는 많은 사람들을 만나면서, 경험하면서 자라난다는 것을 나타냅니다."

I의 작품을 살펴보면, 나무가 거침이 없고 자유를 향해 뻗쳐나가 열정적인 에너지를 느낄 수 있다. 골판지를 하나하나 오리며 꼼꼼하게 작품을 만들면서 명화에서 느낀 자신의 감정을 섬세하게 표현하려고 노력했다. I는 동기들로부터 '착하다, 따뜻하다, 열정적이다, 예술적이다, 열심히 한다, 동기들을 잘 챙긴다'라는 피드백을 받았으며 이 중 예술적이라는 말이 가장 듣기 좋다고 했다. I는 소감문에서 자신의 나무를 꾸미는 활동이 자신의 숨겨진 힘을 느끼게 해 주었으며 자신의 장점이 생각보다 많다는 것을 알게 되어 기분이 좋았다고 했다.

꿈을 향해 달려가겠습니다

| 명화 | 작품 |

"제 그림에 비행기는 항상 나오는 것 같습니다. 비행기 경영학과에 다니는데 화물기를 운전하는 것을 배웁니다. 여객기는 낮에 운행하지만 화물기는 주로 밤에 운행합니다. 왼쪽에 밤을 그려서 화물기를 타고 밤에 날아가는 미래를 그려보았습니다. 미래의 계획을 그리며 꿈을 향해 열정에 가지고 살아야겠다는 생각을 했습니다."

"동기들의 팔을 따라 그리면서 웃을 수 있었습니다. 모두 다 같이 손 그림을 한 종이에 붙이는 작업 자체가 정말 하나의 명화였던 것 같습니다. 한마음이 된 것 같았습니다."

I의 작품을 살펴보면, 낮과 밤을 구분하여 어떠한 경계를 지나가려는 역동적인 의지가 보이며 I의 작품에 자주 등장하는 비행기를 통해 꿈이 명확함을 알 수 있다. I는 소감문에서 명화 속 남자의 앞모습이 궁금했는데 왠지 웃고 있을 것 같다고 했으며 미래에 대해 그리면서 많은 생각이 들었으나 불안해하지 말고 앞으로 나아가야겠다고 마음먹었다고 했다.

이 프로그램은 나에게 '따뜻한 햇빛'이었습니다

> 이 프로그램은 나에게 '따뜻한 햇빛'이었습니다. 왜냐하면 몸이 적응이
> 안 되고 정신도 힘들고 지쳤을 때, 나에게 군생활을 따뜻하게 만드는
> 시간이었기 때문입니다.

I는 추후소감문에서 개인적 변화로는, 생각지도 못한 명화를 보는 것이 가장 재미있었다고 했다. 실제와 똑같이 잘 그린 명화만 봤다면 약간 지겨웠을 것 같은데 특이한 명화를 보게 되어 명화에 대한 관점이 변한 것 같다고 했다. 마음에 진심으로 와닿는다면 그것이 명화가 아닐까 생각했고 예술적, 시각적으로 잘 그린 것뿐만 아니라 소름 돋는 경험이라든가 숨은 뜻이 무엇인지 알아가며 뭔가를 깨닫게 되는 것이 명화라고 생각했다고 말했다. 제목을 모른 채 봐서 더 다양한 감상평이 나오지 않았나 생각한다고 했다. 가족과 친구들이 많이 보고 싶어서 우울했는데 명화를 보면서 많은 위로가 되었고 자신에게 예술 감각이 있다는 생각이 들었으며 내가 꿈을 이루기 위해 군에서 무엇을 해야 하는지 알게 되면서 더 노력해야겠다는 생각이 많이 들었다고 했다. 한편 미술이라서, 예술이라서 자신을 표현할 때 더욱 자유로울 수 있지 않았나 싶고 상상력이 많이 발휘되었던 시간이 좋았다고 했다. 동기 간 변화로는, 처음에 서먹했던 동기 관계가 이 시간을 통해 동기들의 성격과 마음을 알게 되면서 더욱 돈독해지면서 서로에게 의지할 수 있게 되었으며 나 혼자가 아니라 동기들과 함께 걸어간다는 것이 군생활 적응에 도움이 되었다고 했다.

다른 병사들은 군생활 적응에 어려움을 겪는 원인을 상하, 대인관계로 꼽은 것에 비해 I는 군생활 적응의 어려움을 '사회와의 단절'이라 했다. 대인관계도 좋고 성격도 원만한 I에게는 사회에서 가깝게 지낸 지인들과 함께 있지 못하고 혼자 되는 외로움이 컸던 것으로 보인다. 정서적으로 외로움을 느꼈던 I는 특히 명화에 관심이 많았으며 다양한 명화를 감상하면서 마음의 위로를 받았고

I 또한 자신의 작품을 만드는 과정에서 창의력을 발휘하며 적극적으로 참여하고 동기들로부터 격한 공감과 찬사를 받았으며 이를 통해 균형감을 잡아갔다.

프로그램 단계별 변화

프로그램의 초기(1-3), 중기(4-7), 후기(8-10) 단계에 따른 병사들의 변화는 다음과 같다.

첫째, 초기 단계의 집단은 사람도, 상황도 모두 낯설다. 병사들은 자대에 배치받은 지 2주~1개월 반밖에 되지 않아 경직되고 불안한 모습을 보였다. 동기지만 각자 생활관이 달라 동반입대를 한 경우를 제외하고는 서로 얼굴 정도만 알고 있었다.

1회기는 '나를 소개해요' 시간으로, 닉네임을 정하고 자기를 소개했다. 닉네임을 정하는 활동은 초기의 어색함과 낯섦을 완화하는 역할을 했다. 이후 내가 제시한 여러 자화상 명화를 보고 자신과 비슷하다고 느끼는 것을 골라 명화를 본떠 자신을 표현했다. 병사들은 특정 명화가 자신을 대변하거나 자신과 닮았다고 느끼며 명화는 자신을 표현하게 하는 모티브가 되었다.

2회기는 '나, 이런 사람이야' 시간으로, 자신의 입대 전 사진과 함께 남성 잡지에서 자신이 좋아하거나 자신을 나타내는 이미지를 오려 꾸미는 콜라주 활동을 했다. 나는 1회기 나는 병사들에게 마음에 드는 셀카 사진을 나의 핸드폰으로 보내도록 부탁했고, 이를 인화했다. 콜라주는 그림을 그리는 것에 대한 부담에서 벗어나 자연스럽게 자신의 내면세계를 개방하게 하는 장점이 있다. 병사들은 동기의 입대 전 사진을 보며 똑같이 군복을 입고 있는 현재와 전혀 다른 새로운 모습에 흥미를 느꼈고 동기들의 입대 전 이야기를 들으면서 그들의 삶을 이해하기 시작했다.

3회기는 '내 멋대로 난화' 시간으로, 둘이 짝을 지어 음악에 맞춰 아무렇게나 선을 그은 후(난화) 그 안에서 모양을 찾고 그 모양을 토대로 이야기를 만들었다. 난화에 줄거리를 꾸며 이야기를 만들면서 병사들은 상상력을 발휘해 마음껏 웃으며 함께 하는 즐거움을 느꼈다.

이 시기는 병사 간 상호작용이 활발하지 않고 상호 신뢰가 적은 상태이기 때문에 자신의 이야기를 개방하기란 쉽지 않다. 하지만 자신의 이야기를 언어로 직접적으로 말하는 것이 아니라 미술작품을 통해 간접적으로 이야기하고 동기들에게 직접 묻기보다 미술작품을 통해 질문하기 때문에 병사들은 이야기하는 것에 대한 부담을 적게 느꼈다. 병사들은 군에서 환경적으로 막내라는 비슷한 경험을 가지고 있으므로 미술작품을 통해 나누는 각자의 이야기는 서로의 감정에 이입하고 지지할 수 있는 매개가 되었다. 병사 대부분은 미술활동을 하는 것에 있어서도 학교 다닐 때 미술 시간을 생각하며 그림을 잘 그려야 하는 것은 아닌지 부담스러워하는 모습을 보였다. 하지만 미술활동 또한 꼭 무언가를 그려야 하는 것이 아니라 자신의 감정이나 생각을 자유롭게 표현하면 된다는 것을 알고 편안해했다. 언어로 표현하기 어려웠던 다양한 감정들이 미술활동을 하는 과정에서 드러나는 것을 신기하게 여겼으며 명화감상 또한 명화의 역사나 화가에 관해 공부하는 시간이 아니라 화가나 제목을 모르는 상태에서 명화를 감상하고 자신이 느끼는 것을 나누는 시간이라는 것을 알고 적극적으로 참여했다. 또한 낙서화나 추상화를 감상할 때 이런 그림도 명화인가 하는 의구심을 가지기도 하고 이런 그림도 명화가 될 수 있다는 것에 신기해하며 명화가 딱딱하고 어려운 것이 아니라는 발상의 전환을 경험했다.

둘째, 중기 단계부터 집단에 대한 신뢰가 조금씩 쌓여가며 병사들은 자신을 솔직하게 표현하고 동기들의 피드백을 받으면서 자신을 이해하고 수용하는 과정을 거쳤다. 또한 동기들의 작품에 관심을 기울이고 이야기에 경청하며 그들에 대한 이해도가 높아졌다.

4회기는 '내 마음이 들리니' 시간으로, 색채를 통해 다양한 감정을 인식하고 표출했다. 색채는 개인의 성향·기질·감정·상황을 투사하는 중요한 매체로 정서와 직결되어 있다. 색채를 통해 일부 병사들이 군생활의 불편한 감정들을 표현하기 시작하자 다른 병사들도 용기를 얻어 감정표현 중심의 상호작용이 형성되었다.

5회기는 '내 인생에 영향을 준 사람' 시간으로, 자신의 삶에 긍정적인 영향을 준 사람에 대해 표현함으로써 대인관계를 탐색하며 타인에 대한 긍정적인 감정을 느꼈다. 이때 3인 1조로 동기의 옆모습을 그려주면서 친밀감을 느꼈다.

6회기는 '너와 나의 희망 연결' 시간으로, 4인 1조 팀별로 활동했다. 팀별로 원하는 도시를 꾸미고 원하는 도시로 가기 위한 자신만의 사다리를 만들면서 강점을 찾아보는 활동을 했다. 집단에서 같은 주제로 그림을 그리는 협동 활동을 통해 집단이 응집되는 효과를 주었다. 또한 자신의 강점을 인지하면서 심리적 안정감을 가지게 되었다.

7회기는 '버리고 싶은 나, 간직하고 싶은 나' 시간으로, 가면 꾸미기를 통해 '내가 보여주고 싶은 나, 보여주기 싫은 나'를 통해 내면의 욕구를 탐색하면서 타인과의 관계 속에서 자기를 발견했다.

이 시기에 자신의 내면을 탐색하고 억눌렸던 부정적인 감정을 표출하면서 마음이 조금씩 누그러지기 시작했다. 감정표현이 활발하게 이루어지고 자신만 군생활이 어려운 것이 아니라는 것을 알게 되면서 한 병사의 경험과 감정에 대하여 동기들이 함께 아파하고 화를 내고 응원하는 등 서로의 입장에 집중하고 공감적인 반응을 보였다. 이렇게 자신의 감정과 경험이 지지받고 수용되는 경험을 통해 깊은 친밀감이 높아져 화기애애한 분위기가 형성되었다. 반면 일부 병사들은 내가 제시한 주제에서 벗어나 현재의 부정적인 감정에 빠져있기도 했고 긍정적인 영향을 준 사람을 생각하는 주제를 제시했음에도 그 주제에 대한 생각할 수 없는 병사도 있었다. 이는 다른 생각을 할 수 없을 정도로 현재 군생활이 힘들거나 이제까지 자신의 감정을 살피거나 누군가 자신의 감정에 대해 물어보는 경험의 부족, 주변의 지지가 없는 경우 발생한다고 본다.

셋째, 후기 단계에서 병사들은 적극적으로 서로를 도우며 함께 성장해 나갔다.

8회기는 '장점 찾아주기' 시간으로, 서로 장점을 주고받으며 긍정적 지지를 나누면서 자아존중감을 향상시켰다. 지지는 자신이 사랑, 존중, 신뢰받고 있다는 믿음 속에 자신과 구성원들이 역동적인 도움을 주고 받는 관계를 형성하게 해주며, 새롭게 야기되는 문제를 잘 대처하도록 도와준다.

9회기는 '내 꿈을 키워요' 시간으로, 미래에 대한 계획을 설계했다. 미래에 자신이 하고 싶은 일이 무엇이고, 이를 이루기 위해 어떤 노력을 해야 하는지 서로 이야기함으로써 자기개념을 인식하고 긍정적 자기상을 확립했다.

10회기는 '통하는 우리' 시간으로, 공동활동을 했다. 공동활동은 공감·격려·지지·배려 등의 긍정적인 상호작용을 습득하고 공동체 의식과 대인관계를 향상하고 공동체 안에서 자신의 역할에 대하여 생각해볼 수 있다.

이 시기에 병사들은 함께 마음을 모아 공감하고 애정이 담긴 피드백을 했다. 개인의 문제를 단순히 개인의 문제로 그치지 않고, 우리의 문제로 받아들이며 문제를 해결해가는 생산적인 단계로 나아가게 되었고, 그 결과 더 깊은 응집력이 형성되어 공동체의식을 가지게 되었다. 동기들의 지지와 위로는 자신의 방어 수준을 낮추고 자기 가치에 대한 긍정적 인식을 향상시켜 균형 잡힌 자아감을 형성하게 해준다. 이를 통하여 병사들은 자신의 모습을 다각도로 이해하고 수용하면서 군생활에 적응하려고 노력하는 등 문제 상황에서 스스로 해결방법을 모색하게 된다. 병사들은 함께 하는 시간이 늘어가면서 혼자라고 느꼈던 군생활에서 친밀감을 경험했다. 이 시간이 소중하다는 이야기를 나누며 프로그램이 마무리되는 것을 아쉬워했다. 친밀한 관계 속에서 상호 간 지지와 격려 등 긍정적인 피드백을 주고받으며 병사들 간의 끈끈한 유대감이 형성되었고 이는 자발적인 군생활 적응에 동기유발이 되었다. 또한 미래의 꿈을 생각하고 표현하며 희망을 고취해갔다. 또한 자신이 동기들을 통해 힘을 받은 만큼 자신도 동기들을 돕고자 하는 마음을 가지게 되었다.

PART

3.

명화와
미술이 주는
힐링과 치유

말을 걸어오는 명화

명화에서 보이는 나의 모습

병사들은 1회기 자기소개 시간에 내가 제시한 6개의 자화상 중 자신과 비슷하게 느껴지거나 끌리는 명화를 고른 뒤 명화를 본떠 그리면서 자신을 표현했다. 명화 속 특정한 부분이 자신의 마음을 대변하거나 자신과 닮았다고 느꼈다. 명화는 자신을 표현하게 하는 모티브가 되었다. C는 명화(뒤러) 속 주인공 얼굴에 생각과 잡념이 없어 보여 현재 군에서 아무런 생각도 하고 싶지 않은 자신의 모습을 보았다고 말했다. F는 명화(고흐) 속 주인공이 자신의 감정을 객관적으로 표현했다는 느낌이 들어 현재 자신의 군생활이 힘들지만, 감정에 휘둘리지 않고 긍정적으로 바라고자 하는 소망을 담았다. G는 명화(꾸르베) 속 주인공의 경악스러운 표정에서 아침 기상나팔이 울릴 때 자신의 당혹스러운 표정이 드러났다고 했다. I는 웃는 듯 웃지 않는 듯 묘한 느낌의 명화(렘브란트) 속 주인공의 표정을 보자마자 자대 배치받은 다음 날이 생각났다고 했다. 핸드폰을 받았을 때 전역까지 아직 많은 날이 남았음을 확인하며 막막했던 기억이 떠올랐다고 했다.

[표 5] C의 미술작품과 자기서사

명화(뒤러)	본인 작품	자기서사
		이 명화를 고른 이유는 명화 속 주인공의 얼굴에 생각과 잡념이 없어 보였기 때문입니다. 솔직히 지금 아무런 생각도 하고 싶지 않습니다. 군에서는 오히려 생각이 없는 게 나을 수 있습니다. (1회기)

[표 6] F의 미술작품과 자기서사

명화(고흐)	본인 작품	자기서사
		이 화가는 자신의 모습을 객관적으로 그린 것 같아 이 그림을 본 따 그렸습니다. 지금 상황이 혼란스러워서 바탕을 어지럽게 표현하였습니다. 이러한 혼란 속에서도 나를 잃지 않고 잘 견디고 싶은 마음을 표현했습니다. (1회기)

[표 7] G의 미술작품과 자기서사

명화(꾸르베)	본인 작품	자기서사
		경악스러운 표정이 지금의 나를 대변해주는 것 같았습니다. 아침에 기상나팔 울릴 때의 제 모습입니다. 기상나팔 소리에 귀가 찢어지는 것 같습니다. 어쩔 줄 모르는, 내 힘으로 안 되는 지금의 상황을 표현했습니다. (1회기)

[표 8] I의 미술작품과 자기서사

명화(렘브란트)	본인 작품	자기서사
		이 자화상은 웃는 듯 웃지 않는 듯 묘한 느낌이 들었습니다. 군에 와서 핸드폰을 처음 받고 켰을 때 545일 남은 저의 표정이랑 똑같아서 이 그림을 선택했습니다. (웃음) 자포자기의 심정이랄까... (1회기)

　감상은 명화 앞에서 자기 존재와 만나는 행위다. 화가는 자신의 작품에서 인간의 감정이나 욕망을 직접적으로 다룬다. 감상자는 이러한 명화에 감정을 이입하면서 미적 상징을 통해 과거 경험을 재경험한다. 이러한 미적 상징은 우리의 무의식적인 감정과 연결된다. 이는 우리가 평소 마주하기 어렵거나 잊고 싶었던 감정을 다시 경험하는 것이다. 예를 들어 어떤 명화를 볼 때 작품 속의 인물이 슬픔을 표현하고 있다면 우리도 이전에 경험한 슬픔을 떠올리게 된다. 이렇게 명화에서 자신의 감정과 유사성을 발견하게 되면 감상자는 자신의 모습이 명화 속에 녹아 들어있는 것처럼 느낄 수 있다. 미술비평가 단토(Danto)도 미술이 '삶을 재현하는' 은유적 특성이 있다고 말한다.[28] 즉 명화의 시각적인 표현과 상징을 통해 감상자는 명화에 자신의 삶과 경험을 투영하며 명화 속에서 자기 자신을 보게 된다.

명화가 읽어주는 나의 마음

　병사들은 개인별로 특정한 명화를 감상할 때 잊었던 감성이 되살아나거나 마음이 안정되거나 따뜻해진다는 위로를 받았다. A는 1회기에 제시한 여러 자

28　Danto, A. (2004/2020). 예술의 종말(이성훈, 김광우 공역). 서울: 미술문화.

화상을 보면서 웃고 있는 명화보다 슬픈 표정의 명화가 많아 자신만 우울한 것이 아니라는 생각에 위안이 되었다고 했다. D는 군대에 와서 명화를 보니 잊고 지냈던 감성이 되살아나는 것 같아 기쁘다고 했다. G는 각 명화마다 개성이 남달라 각각의 명화가 품고 있는 이야기들을 느낄 수 있었고 특히 명화가 자신의 마음을 대변해주는 것 같아 위로를 받았다고 했다. G와 H는 명화를 본 후 군에서는 볼 수 없는 색감의 조화가 마음을 끌어 따뜻해졌다고 했다. I는 선임이 많은 긴장된 생활 속에서 긴장하고 지내고 가족과 친구들 생각이 많이 나서 우울했는데 명화를 보며 위로가 되어 그동안 잃어버린 미술에 대한 감정을 다시 느끼게 되어 좋았다고 했다.

우리는 때로 자신이 무의식적으로 무시했던 감정을 인식하지 못하고 지나치곤 한다. 감상자가 명화에 담긴 화가의 감정과 공감하는 지점을 발견하면 내면에 숨어있는 감정이 깨워진다. 예를 들어 감상자가 한 명화에 담긴 강렬한 붉은 색상과 흐트러진 붓 터치를 보면서 불안한 감정을 느낀다면 화가 또한 불안을 느끼며 그 감정을 작품에 담아냈을 수 있다. 그러한 화가의 감정이 명화를 통해 전달되면서 감상자는 화가의 감정에 공감하게 되고 그로 인해 감상자의 마음도 움직인다. 이는 감상자가 심리·정서적으로 어려움이 있는 경우에 이런 상황을 더 강하게 경험한다. 이렇게 명화가 감상자의 내면에 울림을 주면 감상자는 마치 자신이 명화 속 인물과 함께하는 것처럼 느끼며 위로를 얻는다. 자신의 감정과 상처가 자신만 느끼는 것이 아니라 일반적이고 공통적이라는 것을 깨달으며 자신이 혼자가 아니라는 안정감을 받을 수 있다. 이렇게 명화는 우리가 직면하는 삶의 어려움과 위험에 대한 피난처를 제공하며 우리를 위로하고 용기를 주는 역할을 한다.

명화를 통한 뜻밖의 경험

병사들은 매 회기 명화를 감상한 후 어떠한 느낌이 드는지 이야기를 나누었다. 나는 명화의 제목이나 화가의 이름을 미리 알려주지 않았고 병사들 각자 선입견 없이 명화를 자유롭게 느낄 수 있도록 도왔다. 같은 명화를 보면서도 병사마다 다른 감상평을 이야기함으로써 명화에 따른 느낌은 감상자마다 다름을 알 수 있었다. 특히 6회기 '오키프'의 〈달로 가는 사다리〉를 감상한 후 병사들은 모두 각각 다른 느낌을 받았다. A는 명화 속 사다리를 보면서 가고 싶은 곳을 떠올리며 힐링이 되었다고 했다. E는 사다리 위에 올라가 있으면 시원할 것 같다고 했다. F는 공중에 떠 있는 사다리를 보니 닿을 수 없는 달로 가기를 소망하는 안타까움으로 느껴져 집으로 가고 싶지만 갈 수 없는 자신을 떠올렸다고 했다. C와 I는 사다리가 공중에 떠 있으니 불안해 보였다고 말한 반면 B는 중력이 없는 자유로움을 느꼈다고 하여 다양한 감상평을 들려주었다. 또한 내가 회기 마무리 단계에서 간단히 화가나 화가의 의도를 설명할 때 자신의 느낌과 화가의 의도가 다르다는 것이 놀랍다고 했다.

[표 9]

명화(오키프)	개인 느낌
	사다리를 보면서 사다리를 타고 가고싶은 곳이 떠올랐습니다. (A, 6회기)
	중력이 없는 자유로움을 느꼈습니다. (B, 6회기)
	사다리를 타고 올라가다가 떨어질 것 같습니다. (C, 6회기)
	저 사다리 위에 올라가 있으면 시원할 것 같아 올라가보고 싶어졌습니다. (E, 6회기)
	공중에 떠 있는 사다리가 달에 닿을 수 없는 안타까움으로 다가와 집으로 가고 싶지만 갈 수 없는 현실이 생각났습니다. (F, 6회기)
	사다리가 불안해보였습니다. (I, 6회기)

미술사학자 곰브리치(Gombrich)에 따르면 사람은 각자 세상을 다르게 경험하기 때문에 감상자가 명화 속 이미지를 볼 때 이미지 자체보다는 감상자

가 본래 가지고 있는 배경지식·학습된 규범·습관 등의 틀로 본다고 말했다.[29] 즉 단순히 명화를 보는 것이 아니라 감상자의 내면과 명화의 내면이 상호작용하는 과정에서 새로운 경험이 탄생한다고 할 수 있다. 감상자는 자신의 감정·경험·지식·문화적 배경 등을 명화와 연결하며 명화에 대한 주관적인 해석과 느낌을 형성한다. 이렇게 명화에 대한 의미 파악은 감상자의 관점에 따라 다양한 해석으로 열릴 수 있다.

반면, 병사들은 대부분 학교 미술 시간에 배웠던 작품을 명화의 기준으로 삼으며 실제 모습과 흡사하게 그린 것을 명화로 생각했다. 내가 추상화나 낙서화 같은 명화를 보여주었을 때 이렇게 대충 그린 그림도 명화냐며 의아해했다. 처음에 다양한 명화에 대한 낯선 경험에 어리둥절해했다. 하지만 명화를 자세히 바라볼수록 명화에 재미있는 요소가 많다고 생각하며 각 화가의 독특한 개성이 흥미로웠다고 했다. 명화가 고정된 틀이 있는 것이 아님을 알아가면서 명화가 예전에 생각했던 딱딱하고 외워야 하는 것이 아님을 깨달았다. A는 그동안 제대로 눈여겨보지 않았던 명화에 재미있는 요소가 많다는 것을 알게 되어 흥미로웠으며 명화가 학교 다닐 때 배웠던 딱딱하고 외워야 하는 것이 아님을 알게 되었다고 했다. C는 처음에는 추상화를 이해하기 어려웠으나 프로그램이 끝난 뒤 생각해보니 추상화여서 오히려 생각할 여지가 많았던 것 같다고 했다. E는 선만으로도 명화가 될 수 있는 것이 신기했고 명화가 주는 메시지가 화가마다 독특하여 흥미로웠다고 했다. F는 명화에 대한 지식을 배우는 것이 아니라 명화를 통해 자신의 느낌을 이야기하는 이 시간이 아니었다면 개인정비시간에 명화를 검색하는 일은 없었을 것이라 했다. G는 정신없어 보이는 명화라고만 생각했는데 그 안에 인상적인 메시지가 담겨있다는 것을 알게 되고 명화의 독창성에 놀랐다고 했다. H는 색채를 이용해서 자신의 감정을 자유롭게 표현해도 명화가 된다는 것이 새로웠다고 했다. I는 명화는 고정된 기준이나 틀이 있는

29 Gombrich, E. H. (1995/2017). 서양미술사(백승길 역). 서울: 예경.

것이 아니라 색이나 선, 또는 낙서로도 화가가 전하고자 하는 메시지가 담겨있다면 명화가 될 수 있고, 똑같이 잘 그린 명화가 아니라 특이한 명화를 보게 되어 명화에 대한 관점이 변한 것 같다고 했다. 예술에 대해 생각해보는 시간이 되어 명화에 대해 더 알아보고 싶은 마음이 들었다고 했다.

명화 속 화가의 시선·세계관·상상·창의력을 통해 감상자는 평소에 당연하고 익숙한 것을 다른 시각으로 바라보게 된다. 이러한 경험은 감상자의 내면을 흔들어 새로운 물음과 의문을 던지며 선입견이나 편견을 깨는 기회를 제공한다[30]. 이를 통해 감상자의 사고방식이나 감정들은 변화한다. 즉 명화는 우리가 보는 세상을 확장해주는 역할을 한다. 또한 명화가 전하는 메시지와 화가의 의도를 이해하면서 명화와 화가에 대한 지적 호기심을 자극하는 계기가 되어 명화를 더 깊이 있게 이해하게 된다. 명화 속에 담긴 의미와 메시지를 찾아보고 화가의 내면적인 고민이나 욕망, 삶의 의미를 알아가면서 자신을 이해하고 발전시킬 수 있는 계기를 마련할 수 있다.

표현하고 싶은 욕구

병사들은 명화를 감상한 후 미술활동을 할 때 명화에서 받은 영감을 적극적으로 활용했다. 이들은 자신의 미술작품에 자신의 감정이나 생각을 명화와 비슷하게, 또는 명화보다 독특하게 표현하고 싶은 욕구를 느꼈다. B는 명화 속 이미지가 로켓으로 보이기 때문에 로켓을 타고 집에 가고 싶은 마음을 드러냈다. H는 얼굴을 마주 보고 있는 명화를 본 후 엄마가 생각나 엄마와 마주 보는 모습을 그렸다. H는 명화 속 주인공이 되어 정상에 올라가 마음이 후련해지는 것을 표현했다. I는 명화 속 나무가 독창적이라고 느껴 자신만의 나무를 특이하게 표현하고 싶은 마음이 들었다고 했다.

---

30 정여주(2021). 수용적 미술치료에 기초한 명화 감상 미술치료. 서울: 학지사.

[표 10] B의 미술작품과 자기서사

명화(바스키아)	본인 작품	자기서사
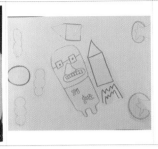		명화 속 이미지가 로켓 같아 보여서 로켓을 타고 집에 가고 싶은 간절한 마음을 표현했습니다. (2회기)

[표 11] H의 미술작품과 자기서사

명화(샤갈)	본인 작품	자기서사
		명화 속 사람과 염소가 얼굴을 마주보고 있어 서로 깊고 좋은 감정이 있을 거라는 느낌이 들었습니다. 친구처럼 지내던 엄마가 생각났습니다. 비행기를 그려 집으로 빨리 가고 싶은 마음을 표현했습니다. (5회기)

[표 12] H의 미술작품과 자기서사

명화(프리드리히)	본인 작품	자기서사
		해는 활활 타오르고 있고 바다도 있습니다. 이런 풍경을 볼 수 있다면 여기서의 답답한 마음이 확 트이고 시원해질 것만 같아 정상에서 내려다보는 풍경을 표현했습니다. (9회기)

[표 13] I의 미술작품과 자기서사

명화(클림트)	본인 작품	자기서사
	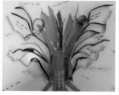	명화가 정신없이 보였지만 자세히 보니까 규칙적인 게 매력 있다고 느꼈습니다. 독창적인 아이디어를 생각해내는 화가가 대단하다고 느꼈습니다. 나도 독창적으로 나만의 나무를 꾸며보고 싶어졌습니다. (8회기)

미술은 '이해', '표현', '감상'으로 이루어진다.[31] '이해'란 작품에 담긴 주제·형식·기법 등을 이해하는 것이다. '표현'이란 자신의 내면세계를 여러 가지 재료를 이용해 시각적·조형적·공간적으로 형상화하는 것이다. '감상'이란 작품에 담긴 감정·메시지·아름다움 등을 체험하고 받아들이는 것이다. 이들은 서로 상호보완적인 관계에 있다. 감상자가 명화를 감상하면서 느끼고 생각하는 것은 자신의 미술작품으로 표현하는 방식에 영향을 미치며 반대로 감상자가 표현하는 방식은 명화를 더욱 깊게 이해하게 돕는다. 명화는 다양한 감정과 아이디어를 담고 있기에 감상자는 이를 경험하고 이해하는 과정에서 자신의 작품을 만드는 데 영감을 받을 수 있다. 반대로 표현 과정에서 감상자는 명화에 담긴 메시지와 감정을 자신만의 형태로 재해석하고 구체화한다. 이러한 과정으로 감상자는 명화의 세부 사항과 의도에 주목하면서 명화를 좀 더 심층적으로 이해하게 된다. 이러한 상호작용은 감상과 표현이 서로 영향을 주고받는 것을 의미한다. 이러한 관점에서 우리는 감상과 표현을 함께 고려하는 것이 미술을 더욱 깊이 있게 이해하고 즐기는 방법이라고 할 수 있다.

---

31   이상화(2009). 우울성향을 가진 청소년의 명화감상을 중심으로 한 수용적 미술치료 단일사례연구.
      동국대학교 석사학위논문.

미술활동으로 알아가는 내 마음

미술 매체의 특이한 체험

나는 각 회기 다른 매체를 준비하여 병사들의 흥미를 유발하고 다양한 감각을 느낄 수 있도록 도왔다. 병사들은 삭막한 군생활 속에서 미술 매체가 주는 느낌을 경험하며 즐거워했다. C는 우리가 다 큰 어른인데도 미술활동을 즐기는 것이 신기하며 이를 통해 힐링이 된다고 했다. E는 가면이라는 특이한 방법으로 자신을 표현해보니 자신에 대해 구체적으로 알 수 있었다고 했다. F는 핸디코트를 조몰락거리며 만지는 느낌이 재미있고 스트레스가 풀리는 느낌이 들었다고 했다. H는 부드러운 솜에 파스텔 가루를 뿌리는 느낌이 신선했고 어린아이로 돌아가는 기분이 들었다고 했다. I는 미술활동을 할 때 그리는 것만이 아니라 다양한 재료를 활용해서 나를 표현하니 나의 다양한 모습을 보게 되어 색달랐고 다음 시간에는 무엇을 할까 기대가 된다고 했다.

[표 14] E의 미술작품과 자기서사

가면이라는 특이한 방법을 이용해서 나를 표현하니 구체적으로 내가 보이고 싶은 모습이 무엇인지 나타낼 수 있었습니다. (7회기)

[표 15] F의 미술작품과 자기서사

핸디코트란 재료에 물감을 섞어 맨손으로 그려 봤는데 감촉도 신기하고 재미있었고 눈으로 보기에도 매우 즐거운 시간이었습니다. 평소에 생각도 많고 스트레스도 많았는데 조물락 만지면서 느낌이 가는대로 창작을 하다 보니 스트레스가 풀리는 좋은 경험을 했습니다. (4회기)

미술치료가 가지고 있는 특수한 치료적 요인으로 크레파스나 물감, 찰흙 등 미술매체를 들 수 있다. 미술매체는 다양한 감각을 통해 무의식과 의식의 연결고리로 작용하며 심상을 자극하여 말로 표현하기 어려운 감정이나 경험을 그림·조각·콜라주 등의 형태로 표현할 수 있는 도구로 사용한다. 또한 미술매체를 통해 긴장과 불안을 이완할 수 있다. 특히 찰흙 같이 무른 소조 매체는 긴장을 이완시키고 안전한 심리적 퇴행을 촉진하는 데 도움을 준다. 이러한 미술 매체의 색채·질감·물질감 등의 감각적인 경험은 흥미를 유발하여 이완·즐거움·에너지를 불러일으키며 이는 몰입감을 이끌어 창조적 활동을 촉진한다.

말로 표현하지 못하는 감정 발견

병사들은 자신의 감정을 미술작품으로 표현하고 그것에 대해 이야기할 때 자신이 왜 그런 그림을 그린 건지 이유를 알지 못하는 경우가 있었다. 그러다 집단 안에서 선생님이나 다른 동기들의 질문에 답하는 과정이나 이후에 스스로 생각을 곱씹으면서 자신도 몰랐던 내면의 감정이 미술작품에 드러난다는 것을 깨달았다. B는 자신의 작품을 설명하면서 자신이 의도하지 않은 마음이 드러나는 것이 신기했다고 했다. D는 감정을 표현하는 시간에 색을 사용하니 자신이 지금 어떤 감정을 느끼고 있는지 선명하게 알게 되었으며 자신이 원래 감정을 표현하는 것에 서툰데 미술활동을 하며 점점 자신에게 솔직해지는 기분이 든다고 했다. G는 자기소개 시간에 자신이 그린 미술작품을 통해 자신을 소개하니 좀 수월했고 말로 자기소개를 했다면 피상적으로만 이야기했을 것 같다고 했다. I는 자신의 감정을 말로는 표현하지 못해도 색으로는 자연스럽게 나오는 것이 신기했다고 했다.

　미술치료에서 내담자들은 그림이 말이나 생각과 다르게 표현되거나 자신도 몰랐던 마음을 표현한다는 것을 알게 되어 신기하다고 말한다. 이는 미술의 비언어성, 즉 시각언어의 힘을 의미한다.[32] 일상에서 우리는 종종 부정적인 감정을 억누르거나 감추는 경우가 있다. 자신의 마음을 언어로 표현할 때 자기검열을 하거나 불안이나 두려움으로 인해 다양한 방어기제를 사용하여 과도한 반응이나 회피 반응을 일으키기도 한다. 언어는 종종 사회적인 기준이나 규범에 따라 검열되고 조절되는 경향이 있어 자신의 감정이나 생각을 표현하는 데 제약을 받는다. 반면 하지만 미술은 그런 제약이 없는 자유로운 표현의 공간이다. 미술의 비언어성은 우리가 언어로 표현하기 어려운 복잡한 감정과 생각이나 무의식적 사고를 시각적인 형태로 전달한다. 이러한 시각적인 요소들은 직관적이고 감각적인 수준에서 자신의 내면을 더욱 자유롭게 표현할 수 있도록 돕는다.

미술활동 후에 느끼는 긍정적인 마음

　병사들은 처음에 그림을 잘 그려야 한다는 부담을 느꼈다. 그러나 마음껏 자신을 표현하는 과정이 중요하다는 것을 깨닫고 미술활동을 만끽했다. 자기 생각이나 감정을 표현하기에 제한적인 공간에서 항상 긴장하고 지내다가 미술활동을 통하여 그동안 억눌렸던 감정들을 표현하며 응어리진 감정들이 해소되었다. 긴장이 이완되면서 잦은 실수로 많이 낮아진 자존감이 높아지면서 자

32　정여주(2016). 미술치료에서 미술의 특성과 창의적 과정의 치료적 의미. 한국미술치료학회. 23(5), 1221-1237.

신의 긍정성을 차츰 인식해 갔다. 또한 창의적인 활동을 통해 자신이 살아있다는 생동감을 느꼈다. A는 군생활에서 억눌려있던 자신의 감정을 표현하면서 응어리진 감정들이 해소되었다고 했다. B는 항상 긴장하면서 지내왔는데 자기 생각을 자유롭게 말하고 표현할 수 있어서 편하고 즐거웠으며 잦은 실수에 많이 낮아진 자존감을 회복할 수 있는 시간이었다고 했다. D는 부정적인 감정을 미술작품으로 표현하니 말로 할 때보다 임팩트가 있어 후련했고 스트레스가 풀렸다고 했다. E는 다양한 미술활동으로 군대에서 생각할 수 없는 창의적인 생각을 했으며 이 활동으로 자신이 살아있다는 느낌이 들었다고 했다. F는 미술작품을 완성할 때 어떤 외부 기준에 맞춰야 하는 것이 아니라 그저 감정이나 생각을 표현하면 된다는 것에 편안함을 느꼈다고 했다. H는 자신을 멋있게 표현해보는 미술활동을 통해 나를 더 높여주고 빛나게 해 자존감이 높아졌다고 했다. I는 미술활동으로 나를 표현하다 보니 마음 한 켠 불안감이 없어지는 것 같다고 했다.

[표 16] H의 미술작품과 자기서사

잡지에서 당당하게 서 있는 모델 옆에 써 있던 '무엇을 하든, 당신답게 가능성 앞으로'라고 글귀가 마음에 들었습니다. 잡지에서 제가 좋아하는 모델이나 글귀를 모으고 그것을 활용하여 자신을 꾸미다 보니 자존감이 올라가는 느낌을 받았습니다. (2회기)

미술활동으로 우리는 자유롭게 창조적인 표현을 한다. 이를 통해 일상적인 생각과 업무에서 벗어나 예술적인 경험과 창조의 재미에 몰입한다. 이 과정에서 우리의 뇌는 알파파(wave)를 유발한다. 알파파는 뇌파의 하나로, 편안하고 이완된 상태와 관련이 있다. 이완 상태는 스트레스를 완화하고 심리적인 안정을 창출하는 데 도움을 준다. 작품을 만들거나 감상하는 과정에서 색상·형태·질감 등의 시각적인 요소 또한 우리의 뇌에 긍정적인 신호를 전달하여 우리의 기분을 전환하고 긴장을 풀어주는 효과가 있다. 미술이라는 안정된 공간 안에서 이렇게 자신의 부정적 감정을 표출하면서 자신의 상처·두려움·응어리와 마주하며 이를 발산시켜 내면을 정화하게 된다. 즉 미술에서의 창조적 활동은 단순히 자기표현에 머무르지 않고 내면을 드러냄으로써 치유의 힘을 갖는다. 또한 미술활동으로 자신의 독특한 아이디어와 시각을 표현하면서 자신의 능력과 가능성을 경험하게 된다. 이러한 경험은 자신을 더욱 가치 있게 여기고 자신의 잠재력을 믿는 데 도움을 준다.

자기 개방을 통한 군생활 적응의 애환

낯선 상황에서의 혼란스러움

병사들은 자대에 전입한 지 2주~1개월 반밖에 되지 않은 상태였다. 낯선 환경과 성장배경이 다른 사람들과 한 공간에서 지내다 보니 종종 혼란스러움과 스트레스를 경험했다. A는 싫은 사람을 24시간 봐야 하는 것이 제일 괴로우며 사회에서라면 다른 친구들과 술도 마시며 스트레스를 풀 수 있는데 군에서는 마땅한 방법이 없어 힘들다고 했다. C는 합리적이지 않은 군대의 일 처리 방식에 대해 건의를 해도 소용이 없었다며 군에서 생각하지 않는 편이 낫다고 푸념했다. E는 사회에 있을 때 혼자 지내는 데 전혀 어려움을 느끼지 못하고 오히려 누군가와 함께 활동함에 어려움이 있었는데 군에 와서 강제적으로 같이 지내야 하는 것이 답답하다고 했다. F는 자신이 사회에서는 항상 긍정적으로 열심히 살았는데 군에 온 후 장애물에 걸린 느낌이 든다고 했다. G는 군대가 사회와 너무나 달라 문화충격을 받았고 낯선 사람들과 생활하는 것에 혼란을 느끼며 감정을 드러낼 수 없는 환경에서 감정을 억누르고 살다 보니 지금 자신이 어떤 감정을 느끼고 사는지 잘 모르겠다고 했다. I는 사회에 나가면 필요 없는 공부를 하는 시간이 아깝다고 느끼며 어쩔 수 없이 따라 하면서도 답답하다고 했다.

[표 17] G의 미술작품과 자기서사

혼란과 복잡한 것이 다 섞여 있습니다. 그동안 살아온 사회랑 완전히 다른 군대에 와서 처음에 문화충격을 받았고 낯선 사람들과 생활해야 하니 뭐가 뭔지 혼란스러운 것 같습니다. 또 기계처럼 감정을 누르다 보니 감정을 나타내기 어려운 것 같습니다. (4회기)

[표 18] I의 미술작품과 자기서사

근무자 자격시험을 위해 공부도 하고 외워야 합니다. 사회에 나가면 필요없는 공부를 계속 해야 합니다. 그 시간이 좀 아깝습니다. 군대라 어쩔 수 없지만 자발적으로 하기는 쉽지 않습니다. 답답합니다. (5회기)

전입신병은 입대와 함께 20여 년 동안 적응해 온 익숙한 사회로부터 단절되어 지금까지와는 다른 환경에서 생활하게 된다. 기존에 익숙하지 않았던 행동 규범과 규칙들을 따라야 하고 단체생활을 하며 개인의 자유로운 생각과 행동에 제약을 받는다. 특히 전입신병은 개인의 의견을 표현하기 어려운 구조에 놓여있다. 적응해야 할 규칙과 역할에 대한 명확한 이해와 예측이 어렵고 이전에는 당연하게 받아들였던 가치나 의미들에 의문이 생기기도 한다. 이는 개인의 심리적 안정과 정체성을 흔들어 놓을 수 있다. 즉 자신이 살던 삶의 방식과 장소에서 이탈되어 전혀 다른 삶의 방식을 요구받으며 일상에서 느껴왔던 안정과 익숙함을 잃은 상황에서 항상 긴장감을 유지해야 하니 감정적인 어려움과 혼란을 겪는다.

잦은 근무로 피곤한 심신

병사들은 코로나19가 기승을 부리던 시기에 군에 입대했다. '위드코로나'로 잠시 사회적 거리두기를 완화했을 때 프로그램이 진행되었고 병사의 외출·외박 금지조치도 서서히 풀려 조금씩 휴가가 허락되었다. 선임들이 밀린 휴가를 사용하느라 한 달씩 군을 비운 사이 남은 병사들은 휴가 간 선임들의 일까지 해야 하는 상황이었기에 병사들은 항상 피곤한 모습이었다. 특히 이틀마다 한 번씩 돌아오는 불침번과 진지공사가 가장 힘들다고 이야기했다. A는 일을 많이 해서 일개미가 된 기분이 든다고 했다. C는 진지공사가 가장 힘들며 군대 가면 삽질한다는 말을 실감한다고 했다. G는 5회기 긍정적인 영향을 준 사람을 알아보는 시간에 긍정적인 영향을 준 사람이 생각나지 않고 부정적인 영향을 준 불침번 서는 상황만 생각난다고 하며 잠을 푹 못 자는 것을 가장 힘들어했다.

[표 19] G의 미술작품과 자기서사

긍정적인 영향을 준 사람을 표현하라 했는데 영향을 준 사람이 생각나지 않고 영향을 준 상황만 생각납니다. 상황에 압도된 느낌입니다. 저에게 가장 영향을 준 것은 불침번입니다. 새벽에 불침번 서면 아침에 자게 해줘야 하는데 잠을 못 자 리듬이 깨집니다. (5회기)

병사 대부분은 자신의 자발성이나 적성과는 별개로 생소한 업무를 맡는다. 또한 군의 특성상 짧은 시간에 과다한 업무가 주어지는 경우가 있어 육체적·정신적으로 많은 부담을 갖게 된다. 이는 업무에 대한 압박감을 유발하고 스트레스를 야기한다. 특히 전입신병의 경우 생소한 업무를 맡게 되면 그 업무에 대한 새로운 지식과 기술을 습득해야 하며 이러한 적응과정은 그들에게 스트레스를 초래할 수 있다.

상하관계의 부담감

병사들 대부분은 군생활의 어려움을 물어보는 질문에서 상하관계가 가장 힘들다고 말했다. 전입신병은 막내로서 24시간 내내 선임들을 만나야 하기에 긴장과 스트레스를 경험할 수밖에 없다. 병사들은 상하관계에서 후임이 무조건 선임의 비위를 맞춰야 하고 자신을 방어할 어떤 말도 하지 못한 채 일방적으로 혼나야 하는 상황을 힘들어했다. A는 자기소개 시간에 선임에게 너무 많이 혼나 자신이 피 흘리는 모습을 표현하면서 선임들과 함께 있을 때는 거짓 웃음이라도 지어야 하는 것이 괴롭다고 하소연했다. B는 선임에게 혼이 날수록 더 긴장해서 실수가 잦아지는 것 같다고 하소연하며 선임들이 완전 초창기인 이병 때는 좀 봐주기도 했는데 지금 일병은 봐주는 것 없어 많이 혼난다고 했다. E는 위병소에서 선임이랑 둘이 근무를 설 때 후임이 분위기를 좋게 만들어야 한다는 부담이 있다고 했다. 또한 선임에게 많이 혼나서인지 불침번을 설 때 누가 깨우면 자신도 모르게 "일병!"이라고 소리치며 일어나게 된다고 해서 동기들의 웃음을 자아내기도 했다. H는 훈련소에서는 동기들이랑 있어서 그럭저럭 지낼만 했는데 자대에 오고 나니 모든 것이 바뀌었고 하는 일이 낯설어 익숙해지는 데까지 시간이 필요함에도 이에 대한 배려가 없이 잘못하면 무조건 혼나는 것이 억울하다고 했다.

[표 20] A의 미술작품과 자기서사

몸에 빨간색으로 칠한 이유는 선임에게 혼이 많이 나서 제 마음에 상처가 많기 때문입니다. 사실 불침번만 힘든 것은 아닌데 다른 것도 힘들어한다는 소문이 나면 선임들한테 또 혼날 수 있어서 그냥 뭔가 어두운 제 심정을 표현하고 싶었습니다. (1회기)

[표 21] E의 미술작품과 자기서사

혼란스럽고 걱정스러운 마음을 표현했습니다. 다음 타임에 위병소에서 선임이랑 둘이 근무를 섭니다. 제가 재미있는 이야기를 해야 하는데 후임이 분위기를 좋게 만들어야 한다는 부담이 좀 있습니다. (4회기)

병사들은 전혀 모르던 타인과 함께 생활관에서 지내며 공동 임무를 수행해야 한다. 조직 내에서 원활한 관계 형성을 통해 지지체계가 형성되면 집단구성원은 서로를 지원하고 배려하는 환경에서 자신이 어려움을 겪을 때 다른 구성원에게 도움을 요청하거나 이야기를 나눌 수 있으며 이를 통해 심리적으로 안정감을 얻을 수 있다. 반대로 조직 내에서 관계 형성이 원활하지 않거나 적절한 지지체계가 형성되지 않으면 집단구성원은 외로움·우울감·좌절감 등과 같은 심리적 어려움을 겪게 된다. 특히 상명하복의 지휘체계에서 하급자가 상급자의 지시와 기대에 부응해야 하고 상급자의 요구에 따라 업무를 수행해야 한다. 이때 상급자에게 비판이나 부정적인 평가를 받으면 자신의 능력과 가치를 의심하게 되며 자신을 부정적으로 평가하는 등 심리적으로 위축된다. 이는 높은 수준의 스트레스를 유발하며 병사의 자아에 대한 자신감을 훼손시키고 자기 존중감을 떨어뜨린다.

존중받지 못한다는 좌절감

병사들은 자신의 의견이나 취향이 존중되지 않은 군의 분위기로 인해 자신은 아무것도 아니라는 좌절감을 겪었다. 남자들만 군대에 가야 하는 것과 온종일 일하는 것에 비해 급여가 터무니없이 적은 것을 공정하지 않다고 느꼈다. A는 여자친구는 편하게 사는데 자신만 힘들다는 생각이 들어 가끔 여자친구가 얄미울 때가 있다고 말했다. 이에 동기들 모두 A의 말에 동의하며 여자들도 병영체험을 해야 한다고 주장하였다. C는 종일 일하는데도 자신들의 하루 시급으로는 꼬깔콘 2개를 겨우 살 수 있다며 하소연했다. D는 국방부에서 말로는 자신들을 자랑스러운 대한민국의 육군이라고 하면서도 존중받지 못하는 군생활에 눈물이 난다고 했다. G는 취업도 어렵고 집 사기도 어렵고 군대도 가야 하는 20대 남자들이 제일 불쌍함에도 여자들은 군대도 가지 않으면서 아직도 남녀평등이 멀었다고 하는 말에 어이가 없다고 했다. I는 예전보다 군대가 나아졌다고 하거나 휴가 자주 나온다고 하는 사람들의 말에 상처받는다고 했으며 힘들게 다녀와도 사회에서 알아주지 않는 것에 불만이 많았다.

[표 22] D의 미술작품과 자기서사

왼쪽은 국방부, 오른쪽은 접니다. 국방부에서는 말합니다. '여러분들은 자랑스러운 대한민국 육군입니다(중략). 하지만 세부적인 말들이 숨겨져 있습니다. '군대 입영일자에 오지 않으며 징역 11년이다, 군대에서 다치면 너 손해다 등등.' 군에서는 이런 말이 있습니다. '다치면 느그 아들, 안 다치면 우리 아들' 그래서 저는 지금 울고 있습니다. (5회기)

[표 23] F의 미술작품과 자기서사

규칙적인 생활만 하다 보니까 도시의 큰 건물에 압도되는 느낌입니다. 명령에만 따라야 하고 똑같은 옷을 입고 이병 일병 1, 2로 취급되니까. 뭔가 의견을 낼 수도 없고 불만을 표시할 수도 없이 그냥 무언가에 억눌리는 느낌이 듭니다. 나는 아무것도 아니다 하는. (6회기)

군대는 일정한 규율과 통제가 필요하며 이는 군대의 임무 수행과 질서 유지에 중요한 역할을 한다. 개인의 다양한 개성과 약점을 포용하는 것보다는 억압하는 경향이 있으며 규정을 엄격히 따르도록 강요한다. 이로 인해 군대 내에서는 획일적이고 강압적인 분위기가 형성될 수밖에 없다. 이로 인해 병사들은 자신의 개별적인 아이디어나 의견을 표현하기 어렵고 규정과 명령에 따르는 것이 강조되는 환경에서 존재감을 느끼기 어렵다. 이러한 분위기에서는 개인의 독립성과 차이를 인정받기 어렵고 병사들은 자신을 개별적이고 소중한 존재로 느끼기 어려운 구조에 놓이게 된다. 또한 병사들은 젠더문제에도 민감한 반응을 보였다. 이일영 교수는 20대 남자가 제기하는 공정성 문제에는 '젠더정치'와 '기회의 문제'가 섞여 있다고 말했다. 젠더정치 차원에서는 남자를 계몽과 감시의 대상으로 간주하는 데 대해 20대 남자들은 억울하다는 감정을 호소하였고, 20대 남자에게 주어진 병역의 의무는 인생의 출발선에서 엄청난 핸디캡으로 작용한다고 인식한다고 했다. 출생률 급감과 노동시간 변화 속에서 병역문제는 군 가산점 문제를 다루는 차원의 문제를 넘어서고 있으며 20대 남자의 인구 비율이 줄어들면서 국가가 그들에게 부과하는 부담이 과중하게 느껴진다고 말했다.[33]

입대 전 일상의 그리움

병사들은 입대 전 당연하게 여겼던 일상이 당연한 것이 아님을 깨닫고 다시 그때로 돌아가길 원했고 자신을 있는 그대로 받아주던 가족과 친구들을 그리워했다. 사회에 있을 때 힘들다고 생각했던 아르바이트마저 그립다고 했다. 나는 종종 간식을 가져가곤 했는데 PX에 똑같은 과자가 있음에도 병사들은 사회에서 가져온 과자라 더 맛있다고 했다. A는 여자친구 생각이 가장 많이 나며 여자친구가 군생활을 버티게 해주는 힘이라고 했다. 반면 군에 '일말상초'라는 말이 있는데 일병 말에서 상병 초에 여자친구랑 많이 헤어진다는 말이 있어서 약간 불안하다고 말해 모두 함께 웃었다. 또한 미래를 생각해보는 회기에 문득 아버지가 생각나 아버지와의 시간이 소중했음을 깨달았다. G는 입대 전 아르바이트할 때를 떠올리며 그때는 너무 힘들어서 그만두고 싶었는데 군에 와보니 그것조차 그립다고 했다. I는 군대에 와서 가장 많이 드는 감정이 그리움이라고 말하며 그 시절이 너무나 그립다고 했다.

---

33   이일영(2022). 20대 남자에게서 읽는 시대정신. http://naver.me/xMbRhtQC.

[표 24] I의 작품과 자기서사

군에서 가장 생각되는 감정이 그리움이라고 생각합니다. 과거의 그리움이라는 바닷물을 잡았을 때 잡히지 않고 흩어지는 것입니다. (우와~) 여기 오기 전 시절이 다 그립습니다. 그때는 당연한 생활인 줄 알았습니다. 그리고 제가 군대 갈 나이가 되면 통일이 될 줄 알았습니다. (웃음) 어찌하다 보니 제가 군대에 와 있습니다. (4회기)

[표 25] A의 작품과 자기서사

여자친구 그리는 것 식상해할 것 같아서 안 그리려 했는데 여자친구 생각밖에 나지 않습니다. 여자친구를 생각하면서 기운을 내고 힘든 일이 있을 때 여자친구와의 통화가 저에게는 군생활에 가장 큰 위로가 됩니다. (5회기)

군 입대로 병사는 가족이나 친구와 이별한다. 가족이나 친구는 오랜 시간 동안 병사를 아끼고 사랑해주며 지원해준 소중한 존재이기에 가족이나 친구의 사랑과 지원이 느껴지지 않아 생기는 상실감·고립감·외로움은 스트레스를 유발한다. 특히 군생활을 하면서 여자친구와의 문제가 발생하는 경우 병사는 즉시 문제를 해결할 수 없어 심리적 어려움을 겪는다. 일반사회에서는 이러한 심리적 어려움이 생겼을 때 여러 가지 방법으로 문제를 해결할 수 있다. 예를 들면 가족이나 친구와 이야기하거나 사회적인 네트워크를 통해 도움을 얻을 수 있다. 그러나 군생활은 규칙과 규정에 따라 진행되며 외부와의 접촉이 제한되어 있기에 도움을 받기 어렵다.

이처럼 집단구성원은 '자기 개방'을 통해 군생활의 애환을 나누었다. '자기 개방'이란 자신이 현재 무엇을 생각하고 느끼고 고민하는지, 과거에 어떤 경험을 하고 어떤 생각을 품고 살아왔는지 등을 솔직하게 표현하는 것이다. 개인은 자기 개방을 하는 과정에서 지금까지 회피하거나 무시했던 어려움이나 감정을 솔직하게 표현한다. 이 과정에서 감정적인 정화를 경험한다. 예를 들어 억압되었던 슬픔이나 분노, 불안 등을 자유롭게 표출하면서 안도감과 해방감을 느끼게 된다. 또한 자기 개방을 하는 사람뿐 아니라 듣는 사람도 자기 개방을 하게 되는 순환적 개방이 이루어진다. 예를 들어 A가 자기 안에 있는 어려운 감정이나 고민을 솔직하게 털어놓는다면 B는 A의 이야기에 공감하며 자신도 비슷한 경험을 공유하게 된다. 이러한 주고받는 과정을 통해 상호 간 친밀감이 증가한다. 이는 서로를 더 잘 이해하고 더 깊은 관계를 형성하는 데에 도움을 주어 신뢰와 유대감을 증진한다.

또한 자기 개방을 통해 막연하게 느껴졌던 문제가 명료하게 드러나면 객관적인 관점에서 자신을 분석하고 이해할 수 있게 된다. 이는 자기에 대한 깊은 이해를 얻는 과정이라고 할 수 있다. 자신의 감정이나 생각을 자세히 들여다보고 분석하면서 그 문제의 원인과 영향을 파악하고 자신을 성찰하는 기회를 갖는다. 이러한 자기 탐색을 통해 집단구성원은 심리적 고통이나 어려움의 원인을 발견한다. 이는 마치 문제의 근본 원인을 파악하는 것과 비슷하다. 예를 들어 자기 탐색을 통해 자신이 어떤 경험에서 상처를 받았거나 특정한 신념이나 가치관이 어떻게 형성되었는지를 알게 된다. 이러한 발견은 자신의 과거나 내면세계를 탐구하면서 얻은 인사이트로서 자신을 이해하고 치유하는 데에 큰 도움을 준다. 이처럼 자기 개방은 개인의 안녕과 집단의 조화를 이루는 데에 큰 역할을 한다.

소중한 동기애

나와 같은 마음의 동기들

병사들 대부분은 다른 생활관에서 근무하기 때문에 동반입대를 한 경우를 제외하고는 잘 모르는 사이로, 이 시간을 계기로 처음 동기들과 이야기를 나누게 되었다. 그들은 초기에 자신만 군생활에 어려움을 겪는다고 생각했으나 동기들과의 대화가 쌓이면서 군생활의 어려움이 자신만의 문제가 아니라는 사실을 깨달으며 위안을 얻어갔다. A는 동기들이 다 자신과 같은 심정이라는 것에 위안을 받았다고 했다. I 또한 동기들이 각자 다른 부분에서 어려움을 느끼지만 결국 비슷한 지점이 있다고 느꼈다고 했다. B는 동기들도 자신만큼 힘들어한다는 것을 알게 되어 동기들이 안쓰럽게 느껴졌다고 했다. C는 자신이 생각해 온 것보다 동기들이 더 힘든 상황임에 놀랐으며 모두 지쳐 있음에도 이 시간이 서로에게 힘이 되어주는 것 같다고 느꼈다.

[표 26] I의 미술작품과 자기서사

무인도에 있는 성을 그렸습니다. 성에서 나갈 수 없고 바다에는 탈출하려다가 죽은 사람들이 있다. 사다리를 타고 나가려면 피를 흘리면서 올라가야 합니다. 네 명이 같이 그리다 보니 동기들이 각자 다른 부분에서 어려움을 느끼지만 결국 비슷하다는 생각이 들었습니다. (6회기)

사람은 흔히 자신이 독특하고 유독 자신만 고통을 겪고 있다고 생각하기 쉽다. 또한 각자 배경·성격·관점 등이 다르기에 집단 초기에는 서로 다른 점을 발견하면서 이질감을 느낀다. 집단에서 '보편성'이란 자기 혼자 문제를 겪는 게 아니라는 점과 다른 사람들도 자신과 비슷한 생각과 감정이 있다는 사실. 즉 공통성을 깨닫게 되는 것을 의미한다.[34] 예를 들어 A가 자신의 문제를 집단구성원에게 이야기한다면 다른 집단구성원도 비슷한 경험을 했거나 비슷한 감정을 느끼고 있다고 이야기하는 것이다. 즉 A의 문제는 혼자만 겪는 것이 아니라 다른 사람들도 비슷한 생각과 감정이 있다는 뜻이다. 개인적인 문제로 느꼈던 어려움을 다른 사람들과 공유하면서 그 문제는 일반적이고 공통적인 문제로 인식된다. 이는 상호 간 지지와 협력을 통해 어려움을 극복하는 가능성을 높여준다. 집단이 발달하면서 서로의 차이점보다는 공통점에 더 관심을 기울이게 되면서 '우리'라는 의식이 싹튼다. 이때 집단구성원 간의 공통성은 이들을 하나로 묶어주는 힘이 되며[35] 유대감과 결속력을 강화한다.

동기들과 함께 활동하는 즐거움

병사들은 3회기 두 명이 짝을 지어 이야기를 만드는 활동에서부터 5회기 세 명이 서로의 얼굴을 그려주는 활동, 6회기 네 명이 한 조가 되어 꿈꾸는 도시를 만드는 활동, 10회기 다 같이 서로의 손을 그려주며 공동작품을 만들었다. 병사들은 함께 활동하면서 화기애애한 분위기에서 즐거움을 느끼며 스트레스를 해소했다. A는 동기와 함께 상상력을 발휘한 활동이 재미있었다고 했다. C는 서먹했던 동기와 정신없이 놀다 보니 한층 친해진 기분이 들고 스트레스가 해소되었다고 했다. 또한 실컷 웃어 긴장되었던 마음이 많이 풀어진 것 같다고 했다. G는 공동활동이 많아 동기들과 금방 친해졌으며 다 같이 활동할 때는 잠시나마 동기들과 하나가 된 기분이 들었다고 했다. H는 선임이 많아 심적으로 힘들었는데 동기들과 같이 호흡하면서 소통과 공감이 된 수업이었다고 했다.

---

34   유현주(2015). 실존주의 집단상담에서의 실존적 자기인식 경험. 백석대학교 박사학위논문.
35   강진령(2005). 집단상담의 실제. 서울: 학지사.

[표 27] 2회기 C, D, G의 공동작품과 이야기만들기

서먹했던 동기와 둘이 정신없이 놀다 보니 처음으로 실컷 웃었습니다. 군에 와서 언제 웃어 봤는지 기억도 나지 않습니다. 동기들과도 한층 친해진 기분이 들고 마음이 누구러져 스트레스가 해소되었습니다. 저는 원래 누군가와 같이 하는 것을 좋아하지 않는데 의외로 해 보니 재미있었습니다. (C, 3회기)

[표 28] 10회기

동기들의 팔을 따라 그리면서 웃을 수 있었습니다. 모두 다 같이 손 그림을 한 종이에 붙이는 작업 자체가 정말 하나의 명화였던 것 같습니다. 한마음이 된 것 같았습니다. (I, 10회기)

　　공동미술활동은 공통적인 흥미나 관심사를 가지고 여러 사람이 함께 참여하여 상호 간 소통과 협업을 통해 창의적인 미술작품을 만드는 것이다. 이때 창작과정은 혼자가 아닌 두 사람 이상이 함께 하는 놀이로 작용하여 자발성과 흥미를 갖고 긴장에서 벗어나 즐거움을 느끼게 된다. 이 과정에서 집단구성원은 자신의 아이디어와 감정을 표현하고 다른 집단구성원의 아이디어와 감정을 받아들이는 경험을 한다. 서로의 관점을 공유하면서 서로를 존중하며 더 깊게 이해하게 된다. 이는 친밀감을 형성하는 데 도움을 주며 서로를 지지하는 환경에서 자신감과 편안함을 느낄 수 있다.

공감해주는 분위기에 편안해지는 마음

병사들은 회기가 거듭될수록 어떤 이야기를 하더라도 적극적으로 맞장구 쳐주고 수용해주는 분위기에 편안함을 느꼈다. 또한 전입신병으로 익숙하지 않은 업무수행에 실수가 잦았다. 실수를 용납하지 않는 군 분위기 속에 매 순간이 긴장의 연속이라 할 수 있는데 동기 간 같이 고민하고 공감하며 몸과 마음의 긴장을 내려놓고 잠시 쉴 수 있는 겨를이 되었다. A는 마음을 터놓을 수 있는 탈출구가 없었는데 속마음을 얘기할 수 있어서 긴장이 줄어들었으며 동기들을 만날 때만 진심으로 웃을 수 있다고 했다. C는 지치고 힘들 때 서로 이해해주는 동기들 덕분에 눈치를 보지 않아도 되어서 편안했다고 했다. D는 미술작품이 생각대로 표현하기가 어려워 망쳤다고 이야기했을 때 동기들이 괜찮다, 잘했다고 말해주어 위로를 받았으며 군대에서는 잘못하면 항상 혼나는데 이 시간을 그렇지 않아 편안했다고 했다. E는 낯을 많이 가려 친구가 많지 않고 사람들 앞에서 말을 하는 경우 어려웠는데 동기들과 선생님이 다 받아 주니 다른 사람들 앞에서 말하는 것이 조금 쉬어졌다고 했다. G는 무언가를 잘하지 않아도 되고 눈치 안 보고 하고 싶은 말을 허심탄회하게 말할 수 있는 것이 군생활과 가장 달라 편안했다고 했다.

[표 29] A의 미술작품과 자기서사

군에서는 항상 긴장하고 있기 때문에 거짓 웃음을 짓고 있어야 합니다. 진심으로 웃을 일은 동기들 만나는 것 빼고는 없기 때문에 웃는 입에 집중하여 표현했습니다. (7회기)

공감은 타인의 입장에 서서 생각하는 것이다. 그렇게 함으로써 우리는 상대방이 어떤 감정을 느끼고 있는지, 어떤 생각을 하고 있는지를 이해하게 된다. 심리학자 로저스(Rogers)는 가장 수준 높은 공감의 표현은 '수용'과 '무비판'이라 했다.[36] '수용'은 상대방의 감정·경험·생각을 이해하고 받아들이며 그것을 존중하는 태도를 말한다. '무비판'은 상대방의 감정·경험·생각 등을 그대로 받아들이며 이를 비난하거나 평가하지 않는 태도를 말한다. 우리는 종종 주변 사람들의 평가나 판단에 민감하게 반응하며 그들이 자신을 어떻게 보고 평가하는지에 따라 자신을 정상적이거나 비정상적이라고 느끼게 된다. 그러나 만약 주변 사람들이 자신을 비판하거나 판단하려 들지 않는다면, 즉 자유롭게 표현할 수 있고 그것을 있는 그대로 받아들여 준다면 자신을 비정상적이라고 생각하지 않게 된다. 이를 통해 있는 그대로의 자신을 이해하고 받아들인다. 이러한 상호 수용은 방어적인 태도나 거리감을 허물어뜨려 그동안 닫았던 마음의 문을 열게 된다.

동기들을 돕고 싶은 마음

병사들은 동기들의 작품을 통해 그들의 이야기를 듣고 소통하면서 차츰 서로의 마음을 이해했다. 이를 통해 처음에 동기에게 가졌던 선입견이나 편견을 수정하고 동기들에게 힘이 되어주고 싶다거나 도와주고 싶다는 마음으로 발전하였다. B는 동기들과 친해질 기회가 없었는데 이 시간을 통해 동기들의 생각과 느낌을 알게 되어 동기들이 어떤 심정과 고민이 있는지 알게 되었다고 했다. G는 처음에 보직이 행정병인 동기가 부러워 그의 닉네임을 꿀을 빠는 보직이라는 뜻으로 꿀벌로 지었는데 그들 또한 스트레스가 많다는 것을 알고 오해한 것에 대해 사과하며 열심히 일한다는 의미로 닉네임의 뜻을 수정하였다. D는 동기 간 다른 점을 이해하게 되면서 생각의 폭이 넓어져 자신이 가졌던 선입견을 반성했다

---

36   김원숙(2017). 상담자의 공감 받은 경험에 관한 현상학적 연구. 동덕여자대학교 박사학위논문.

고 했다. C와 G는 동기들도 힘들다는 생각에 동기들에게 잘해주고 도움이 되고 싶은 마음이 들었다고 했다. F 또한 동기들에 대해 알게 되면서 그들이 이해되니 동기들을 더 소중하게 대해주고 존중해줘야겠다는 마음이 들었다고 했다.

타인을 이해한다는 것은 타인의 관점에서 문제를 바라보고 그들이 느끼는 감정·생각·행동 등을 이해하고 그것을 존중하는 것을 의미한다. 우리는 서로 다른 개성과 배경을 가지고 있기에 집단에서 여러 갈등이 나타날 수 있다. 이때 나와 다름을 인정하면서도 타인을 이해하기 위해 상대방과의 '소통'이 중요하다. 타인의 이야기에 집중하고 적극적으로 듣는 자세를 가진다면 타인을 이해할 가능성은 높아진다. 미술치료에서 미술작품은 집단구성원 간 의사소통을 통해 서로의 입장이 되어보는 공감을 경험하게 한다. 이러한 능동적이고 적극적인 공감은 상대방의 문제를 진지하게 생각하고 그들의 필요를 이해하는 것이다. 이는 상대방이 어려움을 겪고 있다면 도움을 주려고 노력하거나 조언을 제공하는 등 실질적인 도움을 주려는 행동으로 나타난다.

동기들의 지지로 힘을 얻는 군생활

병사들은 낯선 군생활을 겪으며 내적으로 갈등하는 시기에 동기들의 미술작품과 그들의 이야기를 공유하면서 서로 지지, 격려 등 긍정적인 피드백을 주고받으면서 긴밀한 유대감을 형성해갔다. 추후 설문지에서 병사 전원은 가장 달라진 점으로 동기들 간 관계 변화를 꼽았다. 군생활 안에서 자기 생각이나 마음을 이야기할 시간도, 들어주는 사람이 거의 없었는데 동기들과 함께 미술활동을 하고 허심탄회하게 이야기를 나누면서 낯선 군이라는 공간에 든든한 지원자가 생긴 것 같다고 했다. A는 동기들과 끈끈한 관계가 되었으며 군대는 여전히 힘들지만, 동기들을 보면서 힘을 얻게 돼서 위안이 된다고 했다. B는 동기들이 자신에게 힘이 되어주는 만큼 자신도 그들에게 힘이 되어주고 싶다고 했다. C는 동기들을 만나서 밝아졌으며 동기들이 자신을 인정해주니 더 잘해주어야겠다는 생각이 들었다고 했다. 또한 힘든 군생활을 나름 긍정적으로 해석하는 동기들을 보며 자신도 너무 부정적으로 생각하지 말아야겠다고 했다. E는 사회의 계급에 상관없이 동기들이 자신을 있는 그대로 받아주어 군생활을 잘할 수 있다는 용기를 얻었다고 했다. 다른 선임이나 후임을 봐도 우리 동기들처럼 가깝게 지내는 사이는 없는 것 같아 뿌듯하다고 했다. F는 동기들이 자신의 이야기를 잘 들어주어 든든한 지원자가 생긴 것 같다고 했다. G는 좋은 동기들이 많이 생긴 것 같아 군생활에 위로가 되며 그동안 사회에서 다른 사람들에 대해 신경을 안 쓰고 살았는데 앞으로는 동기들에게도 잘해주고 싶다고 했다. H는 서로 너무 친해져서 좋은 에너지와 영향을 미치고 있어 뿌듯하고 지금은 서로 장난도 많이 치면서 군생활이 조금은 지낼 만하게 되었다고 했다. I는 서로에게 의지할 수 있게 되었으며 나 혼자가 아니라 동기들과 함께 걸어간다는 느낌에 군생활 적응에 도움이 되었다고 했다

[표 30] C의 미술작품과 자기서사

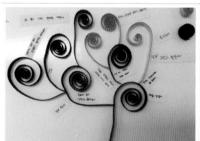

왼쪽 검은색은 나의 어두운 면입니다. 이 프로그램을 하기 전 저의 색깔이라 할 수 있습니다. 오른쪽으로 갈수록 밝은색으로 표현해 많은 사람들, (쑥스러워하며) 특히 동기들을 만나서 밝아지고 있다는 의미입니다. 동기들이 없었다면 아직도 어두웠을 것입니다. (8회기)

집단 안에서 집단구성원이 서로 정서적 지지를 주고받는 것은 개인의 심리적 안녕에 중요한 역할을 한다. 지지행위의 속성은 '돌봄'과 '사랑'으로 이는 자신을 가치 있는 존재라고 느끼게 해주기 때문이다.[37] 돌봄은 상대방을 챙기고 돌보는 행위를 의미한다. 또한 사랑은 서로를 이해하고 존중하는 마음을 의미

---

37   Cobb, S. (1976). Social support as a moderator of life stress. Psychosomatic medicine, 38(5), 300-314.

한다. 우리는 다른 사람들로부터 돌봄과 사랑을 받으면 심리적인 안정과 편안함을 느끼며 자신을 소중하게 가치 있는 존재로 여기게 된다. 이러한 상호 지지적이고 수용적인 분위기 속에서 집단구성원은 심리적으로 가까운 친밀한 관계를 형성한다. 이를 통해 공동체 내에서 소속감과 만족감을 느낄 수 있다. 이전에는 혼자였다고 느끼던 집단구성원은 이제 공동체의 일원으로서 소속감을 느끼고 자신을 이해하고 돌봐주는 사람들과 함께한다는 것을 깨닫게 된다.

성찰 후의 희망을 향한 발걸음

피드백을 통해 깨닫는 나의 장점

병사들은 6회기에 스스로 자신의 강점을 찾는 활동을, 8회기에 동기 간 서로의 장점을 찾아주는 활동을 했다. 이 시간을 통해 미처 깨닫지 못했던 자신의 잠재된 장점을 알게 되었으며 긍정적인 자아상을 형성하여 자존감을 높일 수 있었다. D는 처음에는 나의 강점을 인지하지 못 했는데 선생님이 어려운 상황에서 군생활을 어떻게 버티느냐는 질문을 듣고 자신에게 참을성과 끈기라는 강점이 있다는 생각이 들었다고 했다. 또한 동기들이 본 자신의 장점을 들으며 자신을 객관적으로 생각해보는 기회가 되었다고 했다. E는 선생님과 다른 동기들의 질문에서 지금까지 생각해보지 않았던 자신의 강점을 찾게 되었으며 그것을 전역 후 활동과 엮어서 생각하게 되었다고 했다. 또한 동기들이 써준 장점을 들으니 '서브컬처매니아'라는 별명이 어울린다는 생각이 들었으며 사회에서는 서브컬처를 인정해주지 않는데 동기들은 자신을 창의적이고 예술적이라 말해주어 이러한 장점을 더 발전시키고 싶어했다. H는 자신의 강점에 대해 진지하게 생각해본 것은 처음이었고 이러한 장점을 바탕으로 자신이 소망하는 것들을 이룰 수 있다는 자신감이 생겼다고 했다.

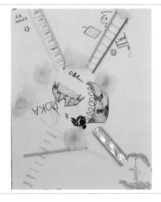

제가 일본어를 할 수 있다는 것이 장점인지도 몰랐습니다. 전역해서 하고 싶은 것에 대해서 강점과 묶어서 생각해봤는데 일본에 가고싶은 것과 일본어를 잘한다는 점이 묶였습니다. 강점과 묶어서 할 수 있는 것을 찾아봐야겠다는 생각이 들었습니다. (6회기)

사회학자인 쿨리(Cooley)는 사회적 상호작용을 '거울'에 비유했다.[38] 우리는 타인의 시선과 반응을 거울처럼 사용하여 자신의 외적인 모습과 내적인 특성을 파악하며 이를 통해 자신을 인식하고 자아를 형성한다는 것이다. 이 말은 타인과 상호작용을 통해 자신의 모습을 조정하거나 개선하기도 한다는 의미이기도 하다. 우리는 집단 안에서 다른 사람들과 상호작용하면서 자신이 어떻게 다른 사람들에게 보이는지, 그들이 우리에게 어떤 반응을 보이는지 관찰하고 이해할 수 있다. '피드백'이란 타인의 행동에 대한 자기 생각을 솔직히 이야기하는 것이다. 다른 사람들의 피드백을 통해 우리는 자신의 강점과 약점, 성격적인 특성, 행동 양식 등을 파악할 수 있다. 예를 들어 다른 사람이 우리의 어떤 행동을 칭찬하거나 비판한다면 우리는 그것을 통해 자신의 장점과 개선할 점을 알 수 있다. 특히 다른 사람들로부터 받는 긍정적인 피드백은 자신에 대한 긍정적인 인식과 자신감을 제공하여 자신을 가치 있게 느끼며 자신의 능력을 발휘하려는 동기를 가지게 된다.

---

38   Cooley, C. H. (1992). Human Nature and the Social Order. Scribner.

나를 성찰하며 얻는 내적힘

병사들은 그동안 살아오면서 자신에 대해 깊이 생각해볼 기회가 적었고 특히 군에 온 후에는 자기 생각이나 마음을 궁금해하고 물어보는 이를 만날 기회가 적었다. 그들은 자신의 감정과 생각 등 내적 경험을 미술작품으로 표현하면서 미술작품 속 상징적 표현의 의미를 깨닫고 동기 간 주고받은 대화를 통해 자신을 이해하는 동시에 반성하고 통찰하는 시간을 가졌다. A는 1회기 자신이 정한 '다크템플러'라는 닉네임이 너무 어둡고 우울해 '튼튼이'라는 닉네임으로 바꾸고 싶다고 하여 긍정적으로 변화했다. B는 이 시간이 사회에서도 하지 않았던 자신에 대해 들여다보고 생각하는 계기가 되어 자신이 희망하는 삶을 향해 남은 군생활도 잘해야겠다는 생각이 들었다고 했다. C는 미워한다고 생각했던 친구가 고마운 사람이었음을 깨달았으며 이렇게 힘든 군생활을 나름 긍정적으로 해석하는 동기들을 보며 자신도 너무 부정적으로 생각하지 말아야겠다고 했다. F는 자신이 '보이고 싶은' 모습과 '보여지는' 모습에서 괴리를 느꼈으며 자신이 보이고 싶은 모습을 위해 어떻게 해야 하는지 생각하게 되었다고 했다. E는 자신의 부정적인 감정을 드러내는 것이 자신을 약하게 보이는 것이 아니라는 것을 깨달으며 감정표현을 조금씩 하게 되었다고 했다. I는 자신에게 예술 감각이 있다는 생각이 들었으며 꿈을 이루기 위해 군에서 무엇을 해야 하는지 알게 되면서 더 노력해야겠다는 생각이 많이 들었다고 했다.

[표 32] B의 미술작품과 자기서사

어릴때부터 지금까지 어떻게 성장했는지 다시금 생각해볼 수 있었고 나에게 소중한 사람을 떠올리며 지나간 추억에 잠겨 행복한 시간을 보냈습니다. 그들을 실망시키지 않는 사람이 되기 위해 노력해야겠다는 생각을 했습니다. (5회기)

자기를 이해한다는 것은 이전에 자신이 알지 못했거나 받아들일 수 없었던 부분을 발견하고 그것을 수용하는 것이다.[39] 또한 성찰한다는 것은 자신의 문제나 고민에 대해 깊이 있는 탐색을 통해 새로운 시각을 얻어 문제를 해결하는 과정이라 볼 수 있다. 이러한 과정은 개인의 심리적인 성장과 발전을 이루는 데 도움이 된다. 한편, 반성한다는 것은 자신의 행동과 생각에 대해 되돌아보며 자신의 행동과 생각이 어떻게 다른 결과를 가져왔는지를 평가하는 과정이다. 이는 자신의 행동과 생각에 대한 책임감을 느끼고 더 나은 선택을 하기 위해 자신의 경험에서 배울 수 있는 교훈을 얻게 돕는 역할을 한다. 특히 미술치료에서 미술작품은 자신의 현실 상황과 심리적 상황을 상징적·은유적으로 표현하는 도구로 이를 통해 자신을 성찰할 수 있는 계기가 된다. 또한 미술작품을 통해 집단구성원의 이야기를 듣고 서로의 경험을 공유함으로써 다른 사람들의 관점에서 자신의 문제를 바라볼 수 있다. 이러한 과정에서 자신의 행동과 생각에 대해 반성하고 성찰하며 더 나은 선택을 하기 위한 교훈을 얻게 된다.

39 Yalom, I, D. (2005). The Theory and Practice of Group Psychotherapy. New York: Basic Books.

미래에 대한 희망

병사들은 9회기 프리드리히 명화의 앞 배경을 지운 편집된 종이에 자신의 미래를 그려보며 삶의 목표와 방향성을 생각해보는 시간을 가졌다. B는 언젠가 이 힘든 시간이 지났을 때 지금의 군생활을 발판삼아 더 성장하면 좋겠다고 했다. C는 지금까지 그럭저럭 편하게 살아왔으나 이제 성인이 되었으니 책임감을 느끼고 미래에 대해 고민해보겠다고 했다. F는 목표는 세우는 것이 아니라 무엇인가를 하는 과정에 저절로 생기는 것 같다며 군에서의 경험을 바탕으로 자신의 목표를 향해 나아가겠다고 했다. I는 비행기 경영학과에 다니는데 화물기를 타고 밤에 날아가는 미래를 그려보며 꿈을 향해 열정에 가지고 살아야겠다고 했다.

[표 33] C의 미술작품과 자기서사

명화(프리드리히)	본인 작품	자기서사
		지금까지는 부모님 밑에서 그럭저럭 편하게 살아왔는데 이제 성인이 되었으니 어떤 직업을 가지고 밥벌이도 해야 하고 이런저런 고민이 많아졌습니다. 이제는 책임감을 가지고 살아야겠다는 생각이 들어 걱정이 되었습니다. (9회기)

[표 34] F의 미술작품과 자기서사

명화(프리드리히)	본인 작품	자기서사
		목표는 세우는 것이 아니라 무언가를 하다보면 저절로 생기는 것이라 생각합니다. 저도 군에서의 많은 경험을 통해 이 그림에서처럼 단계적으로 목표를 향해 가고 싶습니다. 별을 그린 것은 밤하늘의 별을 보면서 희망을 가지겠다는 것입니다. (9회기)

희망은 우리가 미래에 더 나은 상황이나 결과를 바라는 감정이다. 인간을 움직이게 하고 목표를 위해 노력하게 만드는 필수적인 것으로 어려움을 극복할 수 있는 강한 내면적인 힘을 갖추어 삶을 이끌어 나가는 원동력으로 우리에게 긍정적인 에너지와 동기를 제공한다. 특히 집단 안에서 집단구성원은 서로를 이해하고 공감하면서 자신이 겪고 있는 문제를 이겨내기 위한 용기와 희망을 얻을 수 있다. 자신의 강점과 자원을 발견하고 자신의 능력을 믿을 수 있게 되고 이는 희망과 자기 성취감을 부여하여 긍정적인 태도를 형성할 수 있다. 또한 다른 집단구성원의 성공 이야기나 적응 과정을 들으면서 자신도 어려운 상황을 극복할 수 있는 희망을 갖게 된다.

명화감상 미술치료 프로그램의 의미

전입신병이 명화감상 미술치료 프로그램을 경험하면서 나타난 의미는 다음과 같다.

첫째, '명화가 말을 걸어옴' 영역에서 병사들은 명화를 통해 다양한 정서를 경험하였다. 특정 명화에 마음이 끌리거나 명화의 특정 부분이 자신의 마음을 대변해준다고 느끼면서 명화를 통해 위로받았다. 내가 명화의 제목이나 화가의 의도를 미리 설명하지 않았기에 그들은 화가의 의도를 파악하려 하기보다 자신의 솔직한 느낌을 나누었다. 같은 명화를 보면서도 각자 다른 감상을 말하는 것, 즉 명화에 따른 느낌이 감상자마다 다르다는 것을 신기해했다. 이 과정에서 병사들은 명화를 통해 느끼는 감정은 자신이 경험이나 현재의 소망에 따라 다를 수 있음을 알아갔다.

또한 전통적인 명화에서 벗어나 낙서화나 추상화 등 다양한 명화를 감상하며 명화가 갖는 독특하고 창의적인 발상에 신선한 충격을 받았다. 이들은 고전적인 명화보다 상상력을 자극하는 현대화나 추상화에 더 많은 흥미를 느꼈다. 명화가 고정된 기준이나 틀이 있는 것이 아니고 선이나 색상, 또는 낙서로 이루어진 그림이라 해도 화가가 전하고자 하는 창의적인 메시지가 담겨 있다면 명화가 될 수 있음을 깨달았다. 이를 통해 명화가 지루하고 딱딱한 거라는 기존의 선입견에서 벗어났다. 화가들의 창의적인 발상은 그들에게 생각의 전환을 도왔다. 이렇게 명화가 화가와 감상자 사이에서 의사소통 기능을 하면서 병사들은 점차 명화에 몰입했다. 이는 자신의 감정을 돌아보면서 명화와 비슷하게 또는 독특하게 표현하고 싶은 자발적 동기나 창조적인 미술활동으로 연결되었다.

나는 프로그램을 마치기 전에 명화의 제목, 화가에 대한 소개, 명화를 그리게 된 의도를 간단히 설명했다. 병사들은 자신의 느낌이 화가의 의도와 다름에 다시 놀라면서 화가의 감정이나 화가의 사회에 대한 메시지에 감동받았다. 이는 명화감상이 단지 감정 해소나 정서 함양뿐 아니라 명화에 담긴 심리적·사회적 맥락에 대한 이해를 통해 인식의 변화를 자각하게 됨을 알 수 있다.[40]

둘째, '미술활동으로 알아가는 내 마음' 영역에서 병사들은 명화감상을 통하여 일어난 자신의 감정·기억·경험 등 무의식 속 내면의 이미지를 상징적인 미술작품으로 표현했다. 명화감상은 시각적인 경험으로 감상자의 감정과 생각을 자극하는 데 도움을 준다. 또한 감상자에게 영감을 주어 창의적으로 자신의 감정을 표현하고 해결하도록 유도한다. 이와 더불어 병사들은 미술치료에서 그림을 잘 그리지 않아도 되는 부담을 덜고 군생활로 경직되고 억눌린 자신의 감정을 마음껏 표현했다. 다양한 미술 매체를 경험하면서 이미 성인이 된 자신들이 어린아이처럼 미술활동을 이토록 즐길 수 있음에 의아해했다.

---

40 박정선(2020). 수용미학 관점의 명화감상을 통한 우울증 청소년의 상담 및 심리치료 가능성 탐색.
    순천향대학교 박사학위논문.

창의적인 미술활동은 군생활로 위축되어 있던 자신들에게 살아있다는 감각을 되찾아주었다. 개성을 드러낼 수 없는 군대 안에서의 엄격한 규칙에서 벗어나 아동기 시절로 건강하게 퇴행한 것으로 보인다. '퇴행'은 어떤 이유로 인해 충동을 충족할 수 없을 때 심리적으로 이전 성장단계로 돌아가면서 정신적인 평안을 얻는 상태를 말한다. 미술을 통한 퇴행은 우리의 내면을 탐구하고 표현하면서 카타르시스, 즉 정서적 해방을 가져다주는 역할을 한다. 또한 미술작품을 통해 자신도 몰랐던, 말로 표현되지 않았던 감정들이 드러나는 것을 신기하게 생각했고 군생활을 하면서 말하지 못했던 내면의 억압된 심리와 불안정한 감정을 풀어내면서 마음이 누그러졌다.

프로그램이 진행되면서 병사들의 긴장은 이완되었다. 잦은 실수로 많이 낮아진 자존감이 높아지면서 자신의 긍정성을 차츰 인식해 갔다. 병사들은 언어로 자신의 마음을 직접 표현하는 것이 아니라 자신이 그린 미술작품을 통해 자신의 이야기를 하면서 마음이 드러난 미술작품과 거리두기를 하며 자신의 상태를 바라볼 수 있다. 처음엔 자신이 왜 그런 그림을 그렸는지 이유를 알지 못했으나 선생님이나 동기 간 대화를 통해 자신의 작품 속에 드러난 상징에 대한 자기 이해를 키워갔다. 이러한 미술활동은 자기표현 기술이 부족하고 높은 내적 긴장감과 불안감으로 위축된 전입신병에게 정서적인 안정감을 찾아 줄 수 있는 활동이었다.

셋째, '자기개방을 통한 군생활 적응의 애환' 영역에서 병사들은 자신의 이야기를 수용해주는 분위기 속에서 방어가 완화되자 자기 개방을 통해 각자 군생활에서 겪는 심리적인 어려움을 솔직하게 토로하기 시작했다. 자기 개방은 개인적인 문제와 관심, 욕구와 목표, 기대와 두려움, 희망과 좌절, 즐거움과 고통, 강함과 약함, 개인적 경험 등에 대해 말과 행동으로 표현하는 것을 말한다.[41] 이는 사실적 정보뿐만 아니라 정서적 표현을 포함하는 것으로 정서적인 측면에 대한 개방은 개인에게 중요한 치유적 의미를 가진다. 전입신병은 모든 것이 낮

---

41 강진령(2005). 앞의 글.

선 환경에서 혼란스러움을 경험한다. 그동안 해 보지 못한 생소한 훈련과 업무는 부담으로 작용한다. 업무에 적응해야 하는 기간이 필요함에도 실수하면 안 되는 상황에서 항상 긴장할 수밖에 없다. 획일적이고 강압적인 분위기에서 존재감을 가지기란 어렵다. 특히 상하관계에서 막내 계급으로 무조건 선임의 지시를 따라야 하고 눈치를 봐야 하는 상황에 불편함을 느낀다. 사회와 달리 자신을 아끼는 가족이나 친구의 지지를 받으면서 스트레스를 해소할 수 없는 상황에서 심리적 어려움을 겪을 수밖에 없다. 병사들은 자신의 상처받고 힘들어하는 모습을 다른 집단구성원과 나누면서 다른 집단구성원도 자신과 유사한 심리적 어려움을 느끼고 있음을 깨닫고 자신만 어려운 마음이 아님에 안도했다. 구성원 간 유사점을 인식하면서 심리적 고립감이 줄었다. 이렇게 서로 어려움을 공유하고 치유하는 가운데 병사들은 자신이 경험한 고달픔과 어려움을 나누면서 서로 상처를 치유해갔다.

넷째, '동기애를 느낌' 영역에서 병사들은 함께 하는 시간이 늘어가면서 혼자라고 느꼈던 군생활에서 친밀감을 경험했다. 특히 공동미술활동은 구성원 간 상호작용을 촉진하여 함께 하는 즐거움을 느끼며 스트레스를 해소했으며 자신이 공동활동에 기여한다고 느끼며 긍정 정서를 강화해갔다.

또한 군생활로 마음이 지쳐 다른 사람들에게 관심을 보이기 어려웠는데 다른 동기들의 미술작품과 이야기에 호기심을 가지고 집중하며 서로 궁금한 것을 묻고 대답하면서 동기들을 이해할 수 있었다. 다른 동기들이 자신의 관심과 유사한 내용을 털어놓자 더 가까워진 느낌이 들었다. 구성원 간 공통성은 이들을 하나로 묶어주는 힘이 있다. 상호 간 관심이 높아지면서 대화와 피드백이 활발해지고 자신이 솔직한 마음을 드러냈을 때 따뜻한 눈빛과 공감, 지지 등을 보내는 수용적인 분위기에서 자신에 대한 가치를 확인하게 되는 계기가 되었으며 집단구성원과 소통하고 위안받는 경험을 통해 심리적 안정감을 획득할 수 있었다. 집단구성원 사이의 상호 긍정적인 태도는 '우리'라는 의식과 소속감을 가지게 한다. 활발한 의사소통과 애정 어린 피드백 속에서 동기들과 더불어 군생활을 잘 이겨내야겠다는 모험 시도와 함께 동기들의 존재에 감사의 마음을 느끼며 서로에게 잘 대해주고 싶은 마음을 표현했다.

다섯째, '나를 성찰하며 희망을 향해 나아감' 영역에서 병사들은 자기 작품을 통해 자신을 객관화하면서 성찰했다. 병사들은 대부분 이제까지 살아오면서 한 번도 자신에 대해 깊게 생각해본 적이 없다고 말했다.

미술작품은 자기로 향하는 의식화 과정으로서[42] 미술을 매개로 자신을 상징적으로 표현한 것이다. 미술작품을 통해 반복적으로 자신을 탐색하면서 모호했던 감정이 명료해짐을 경험하였고 자신에 대한 이해도 깊어졌다. 자기 이해는 자신의 행동에 내재하는 원인에 대해서 알아가면서 통찰을 얻는 것이다. 그것이 긍정적이든 부정적이든 자신의 것임을 알아차림으로써 자기이해에 대한 작업이 이루어지면 자신처럼 타인도 다양한 인지적·정서적·행동적 경험을 하고 있고 할 수 있다는 것을 알게 되어 타인과의 문제해결에 큰 도움이 된다.[43] 이러한 자기 이해와 성찰을 바탕으로 자기를 반성하며 미래에 대한 희망을 꿈꾸었다. 창조된 작품을 통한 의미 부여는 새로운 삶의 경험을 제공한다. 이는 자신에 대한 이해와 성찰을 통하여 자기 삶의 목표를 추구하는 것과 유사하다.

또한 다른 동기들과 상호작용하며 진솔한 피드백을 경험하면서 자신의 모습을 여러 방면으로 이해하면서 자신에 대한 통찰이 일어났다. 특히 긍정적인 피드백을 통해 자신이 미처 인식하지 못했던 특성들까지도 지각할 수 있으며 자신의 강점이나 존재가치를 확인하게 된다. 자신의 강점을 인식하게 되면 자신에 대한 자신감과 긍정적인 자아 이미지가 형성되어 자신을 더욱 긍정적으로 인식하게 된다. 집단 안에서 개인은 자신의 감정을 이해하고 수용하면서 문제

---

42   안소정(2022). 자기이해 도구로서의 전생애발달관점 미술작업 경험에 관한 내러티브 탐구.
     영남대학교 박사학위논문.
43   천성문, 이영순, 박명숙, 함경애(2021). 상담심리학의 이론과 실제. 서울: 학지사.

를 해결하기 위한 새로운 가능성을 찾을 수 있다. 또한 다른 구성원의 경험과 지식을 공유하거나 서로 공감과 지지를 통해 자신의 문제를 해결할 수 있는 새로운 아이디어와 방법을 배울 수 있다. 이 시간을 통해 자신을 되돌아보고 자신이 어떤 사람인지 알아가며 자신의 문제를 새롭게 인식하고 그동안의 삶과 경험을 능동적으로 재해석하게 되었다.

부록

명화설명

고흐(Vincent van Gogh) '자화상'

생애 1853-1890(37세) | **국적** 네덜란드 | **제작연도** 1889년

"예술이란 삶에 의해 부서진 사람들을 위로하기 위한 것이다."

고흐는 네덜란드의 '후기인상주의'화가다. '후기인상주의'는 '인상주의'
가 빛에 따라 시시각각 변하는 색채의 순간적 효과를 이용하는 것을 거부하며

1880년대 중반 등장한 미술사조다. 이들은 인상주의의 생생한 색채 사용과 투박한 붓질은 받아들였으나 기존의 인상주의 작품과는 달리 감정적인 효과를 위해 왜곡된 형태, 자의적인 색채 사용, 상징적인 내용, 기하학적 형태를 사용했다. 고흐는 화가로 생활한 10여 년 동안 많은 작품(900여 점의 그림들과 1,100여 점의 습작들)을 남겼으며 자화상 또한 43점에 달한다. 그가 남동생에게 쓴 편지에서 "사람들은 말하지. 자기 자신을 아는 것은 어려운 일이라고. 나 역시 그렇게 생각해. 자기 자신을 그리는 것 또한 어려운 일이야. 자화상은 일종의 자기고백 같은 것이야."라 적어 자화상에 대한 애착을 드러냈다.

그는 자신의 정신질환을 인식하고 1889년 스스로 생 레미(Saint Rémi)의 정신병원에 입원한다. 이 작품은 당시 그가 끊임없는 망상과 발작에 시달렸을 때 그려졌다. 그의 얼굴은 수척해 보이며 불안한 녹색 눈과 긴장한 표정은 감상자를 그의 불안한 정신세계로 끌어들인다. 전체적으로 쑥색과 옅은 청록색이 지배하며 이 두 색은 그의 머리와 수염에 사용된 오렌지색과 대조적이다. 배경으로 쓰인 고흐 특유의 소용돌이 치는 아라베스크 무늬에서 "나는 그림을 그리는 것으로 인생의 고독을 극복하려 했다."는 그의 말처럼 당시 겪고 있던 고통과 불안함을 그대로 보여준다.

고흐는 삶의 대부분을 어려움과 고통 속에서 보냈으며 당시 유럽 예술계는 그의 작품을 인정하지 않았다. 왕성한 작품활동에 했으나 살아생전 〈아를의 붉은 포도밭(Red Vineyards at Arles)〉이라는 한 작품밖에 판매하지 못했다. 주목받지 못했던 고흐가 유명세를 누리게 된 배경에는 남동생 테오의 아내인 요안나의 역할이 중요했다. 고흐도, 테오도 세상을 떠난 후 고흐의 그림을 상속받은 그녀는 고흐와 남편이 나눈 수많은 편지를 읽으며 고흐의 진정한 예술 세계를 확신한다. 생전 화상으로 활동하던 남편의 인맥을 동원해 고흐의 그림을 전시하고 그들의 편지를 책으로 출간하면서 고흐는 대중적인 인기를 얻게 된다. 또한 고흐의 이름을 따서 지은 테오와 요안나의 아들인 빈센트가 나중에 고흐의 작품을 네덜란드에 기증하면서 오늘날 고흐의 작품을 많은 이들이 누릴 수 있게 되었다.

고흐의 삶을 소재로 한 영화 중 2017년 '러빙 빈센트(Loving Vincent)'가 가장 유명하다. 세계 최초 손으로 그린 유화 장편 애니메이션으로 125명의 화가가 10년 동안 고흐의 화풍을 재현했다. 폴란드 영화상에서 최우수 미술상과 최우수 편집상, 유럽 영화상에서 애니메이션상을 수상했다. 또한 2019년 영화 '고흐, 영원의 문에서(At Eternity's Gate)'는 베니스 영화제 경쟁 부문에 올랐으며 고흐 역을 맡은 윌렘 더포(Willem Dafoe)는 남우주연상을 수상했다.

고흐의 작품은 심리적인 치유 효과가 있다. 화려한 색상과 강렬한 선으로 이루어진 그의 작품을 통해 감상자는 감정적 자극을 받는다. 이러한 자극을 통해 자기 내면을 드러낼 용기를 얻어 자신의 감정을 자연스럽게 표현하게 된다. 내면의 감정과 정신적 고통을 솔직하게 표현한 그의 작품으로 감상자는 자신의 어려움을 공감하면서 자신의 삶과 감정을 탐색할 수 있다. 또한 자연과 사물을 자기만의 시선으로 재해석하는 작품을 감상하면서 자신만의 시선과 방식으로 자신을 수용하고 존중하는 방법을 배울 수 있다.

작품 <아를의 붉은 포도밭> (1888년)   러빙 빈센트(2017)   고흐, 영원의 문(2019)

뒤러(Albrecht Durer) '모피코트를 입은 남자'

생애 1471-1528(56세) | **국적** 독일 | **제작연도** 1500년

뒤러는 16세기 르네상스 시기 독일의 대표 화가로 '독일미술의 아버지', '북유럽의 레오나르도'로 평가받는다. 독일 외에도 다른 유럽 국가의 귀족, 교황청, 황제와 같은 권위자들의 주목을 받았다. 그의 작품은 섬세한 묘사, 조화로운 색채, 고요하면서도 아름다운 분위기가 특징이다. 기독교와 인문주의를 중요시하여 고전적인 주제와 유럽 문화의 기호를 결합하고 자연의 아름다움과 신의 창조물을 표현했다. 화가뿐 아니라 판화가, 조각가로도 활동했으며 그의 판화 작업은 당시 가장 혁신적이고 독창적인 작업 중 하나로 인정받았다.

이 작품은 미술 역사상 최초의 독립적인 자화상으로 평가받는다. 그는 화가로서 자신의 지위와 명성을 확립하고자 부자와 권력의 상징인 모피코트를 입고 자신을 표현했다. 당시 정면을 향한 초상화는 대부분 예수 그리스도의 삼위

일체를 표현할 때만 사용했다. 이러한 관행을 깨고 자신의 모습을 정면상에 그렸을 뿐만 아니라 그 모습도 자신을 예수와 유사하게 표현했으며 어둠 속에서 홀로 빛을 받아 밝게 보이도록 묘사했다. 그가 이러한 방식으로 자신을 표현한 이유는 신을 닮은 인간은 화가밖에 없으며 화가의 창조력은 신의 능력과 비슷하다는 믿음에서 나왔다. 작품의 오른쪽 배경에는 라틴어로 "나, 뉘른베르크 출신의 알브레히트 뒤러는 28세의 나이에 불변의 색채로 나 자신을 이렇게 그렸다." 라는 자신을 설명하는 글을 남겨 자의식을 강하게 드러냈다.

뒤러의 작품은 심리적인 치유 효과가 있다. 예술적인 미적 감각을 자극하여 내면적인 평화와 안정감을 느끼게 한다. 체계적인 무늬와 대칭성, 조화로운 구도, 아름다운 색채, 고요하고 안정적인 분위기를 보여주는 그의 작품을 통해 감상자는 일상에서 느끼는 스트레스와 긴장감을 덜어낼 수 있다. 그는 섬세하게 그리는 것으로 유명한 화가다. 이러한 섬세한 그림들은 감상자가 작품을 자세히 관찰하고 생각하게 하며 이 과정에서 명상적이고 집중적인 분위기를 형성할 수 있다. 그는 종교적인 도덕과 철학적 아이디어를 담아 깊은 의미와 가치를 담아내는 데 큰 노력을 기울였는데 이를 통해 감상자는 인간의 본성과 세계의 다양성을 탐구하며 위로를 받고 용기를 얻는다.

렘브란트(Rembrant Harmenzoon van Rijn) '웃는 자화상'

생애 1606-1669(63세) | 국적 네덜란드 | 제작연도 1628년

렘브란트는 17세기 네덜란드 미술의 황금기를 이끌며 '빛의 마법사'라고 불렸다. 그는 당대 유럽의 예술계에서 큰 명성을 얻었다. 특히 그의 초상화는 기술적이나 예술적으로 매우 뛰어나다는 평가를 받았다. 그는 사람들의 얼굴과 몸짓을 통해 인간 심리를 잘 표현했고 다양한 조명과 그림자를 활용하여 그의 작품에 깊이를 부여했다. 또한 100여 점의 자화상을 그려 서양미술사에서 가장 많은 자화상을 남긴 화가다. 자신의 삶을 자화상으로 남겼다고 보아도 무방하다. 당시 화가들은 생활비를 벌기 위해 주문을 받아 다른 사람의 초상화를 그렸다. 반면 그는 자화상을 많이 그리면서 다른 사람의 요구에 얽매이지 않고 자신의 상상력과 표현력을 마음껏 발휘했다. 렘브란트 이전 화가들이 초상화를 그릴 때 주인공을 경직되고 근엄한 모습으로 그렸다면, 그는 초상화에 '연출'이라는 개념을 적용해 빛과 어둠의 강한 대비로 생동감 있는 장면을 만들었다.

이 작품은 렘브란트가 23살 때 그렸다. 당시 그는 아직 유명한 화가가 아니었다. 그는 조명과 그림자를 이용하여 자신의 특징적인 얼굴과 표정을 자세하게 표현한다. 웃고 있는 표정은 당시의 화가들이 그린 초상화의 진지한 표정과 달랐다. 그는 당시 경제적인 역경, 건강 문제, 가족 문제로 갈등이 겪고 있었기에 내면의 어둠과 불안을 표현했다. 동시에 작품에서 빛을 발하는 것처럼 그가 개인적인 위기를 극복하고자 하는 의지를 보여준다. "나는 자연의 형태를 그대로 따르는 것이 아니라, 형태와 윤곽이 나의 마음과 영혼에 울리는 대로 그린다. 이것이야말로 예술이 내는 깊은 감정의 진수를 담고 있기 때문이다."라고 말하며 인간의 내면을 깊게 탐구하고 작품 속에 담아내려 노력했다.

렘브란트의 삶을 소재로 한 영화는 1999년 '렘브란트(Rembrant)'가 있다. 이 영화는 28세 때부터 63세 세상을 떠날 때까지 일대기 형식으로 담고 있다. 이후 2007년 영화 '야경(Night watching)'이 있다. 이 영화는 렘브란트의 대표작인 〈야경〉의 창작과정을 토대로 성공한 화가 렘브란트가 당시 유럽 사회에서 왜, 어떻게 불운한 죽음을 맞이했는지 그의 작품과 독백을 통해 보여준다. 이듬해 2008년에는 '야경'의 해설판이라 할 수 있는 '렘브란트의 심판(Rembrandt's J'Accuse, 2008)'이 제작된다.

렘브란트의 작품은 심리적인 치유 효과가 있다. 인물의 감정과 내면을 생생하게 묘사한 자화상을 통해 감상자는 자신의 내면을 발견하고 자신만의 정체성을 찾을 수 있다. 자화상 속 인물의 감정이 세밀하게 표현되어 있고 빛과 그림자의 대조가 돋보이는데 이는 우리가 마주치는 어둠과 빛의 경험을 나타내어 자신의 내면을 탐색하는 데 효과적이라 할 수 있다.

작품 <야경> (1642)	렘브란트(1999)

야경(2007)	렘브란트의 심판(2008)

피카소(Pablo Picasso) '우는 여인'

생애 1881-1973(92세) | **국적** 스페인 | **제작연도** 1937년

"내가 라파엘(이탈리아 화가)처럼 그림을 그리기까지
4년이 걸렸다. 하지만 아이처럼 그릴 수 있게 되기까지
내 인생 전부라는 시간이 걸렸다."

　　스페인 출신으로 프랑스에서 활동한 '입체파' 화가다. '입체파'란 인상주의 이후 색채 위주의 표현주의와 대조적으로 형태의 본질을 객관적으로 파악하고자 사물을 여러 시점과 입체적으로 표현한 미술이다. 극도로 왜곡된 형태와 색상, 비선형적인 공간 표현 등이 특징이다. 색채와 형태에 대한 전통적인 관념을 거부하고 실제 형태보다는 기호와 상징적인 요소가 더 중요하게 다뤄졌으며 이를 통해 보통의 현실적 표현이 아닌 새로운 시각을 제시하며 예술적인 자유를 확장하는 방식으로 평면과 입체의 경계를 탐색했다. 혁신적인 스타일과 기법으

로 당시 그는 예술계에서 큰 반향을 일으켰으며 젊은 시절부터 주목을 받았다. 출생국가인 스페인과 그가 예술의 꽃을 피운 프랑스 양국에서 서로 자기네 출신이라고 주장할 만큼 현재에도 그의 작품에 대한 가치는 높게 평가된다. 그는 "내가 그림을 그리는 것이 아니라 그림이 나를 그리는 것이다."라는 말을 남기면서 화가는 그림을 그리지 않고 자신을 그리게 두어야만 자유롭게 창조 활동을 할 수 있다고 생각했다. 이는 창조과정의 자유로움과 자기표현의 중요성을 강조한 것이다.

이 작품은 스페인 내전 시기 전쟁의 비극을 통한 여인들의 슬픔을 상징화했다. 이를 통해 전쟁의 비인간성과 역사적 비극을 시사하려 했다. 여인은 그의 정부이자 뮤즈인 도라 마르이다. 그는 "나에게 도라는 항상 우는 여인이었다. 수년 동안 그녀가 고통받는 모습을 그렸는데, 이것은 괴롭히기 위해서도 즐기기 위해서도 아니었다. 나의 마음에 전해지는 느낌에 충실하기 위해서였다."라고 말했다. 여인의 얼굴을 입체적으로 분해한 뒤 재조립하는 특유의 표현법으로 기존의 원근법이나 고정된 미의식을 깨뜨렸다. 다양한 각도에서 사물을 보아야만 숨겨진 진실을 파악할 수 있다고 생각한 그는 여인의 앞모습과 옆 모습을 동시에 그려 고통스러운 얼굴을 기하학적 형태로 해체해서 일그러진 표정을 잘 담고 있다. 또한 다양하고 혼합된 색, 대비되는 색을 통해 분노와 절망을 전달한다.

피카소의 삶을 소재로 한 영화로 1996년 '피카소(Surviving Picasso)'가 있다. 이 영화의 각본은 아리애라 허핑턴(Arianna Huffington)의 전기소설인 '피카소: 창조자와 파괴자((Picasso: Creator and Destroyer)'를 참고하여 썼다. 이 영화는 피카소의 연인인 질로(Gillot)의 눈을 통해 전개되며 피카소의 작품보다 그의 개인적인 삶에 중점을 두었다. 안소니 홉킨스(Anthony Hopkins)가 피카소 역을 맡았다. 또한 2012년 '피카소:명작 스캔들(La banda Picasso)'에서는 피카소가 입체주의로 발전하는 과정을 보여준다.

피카소의 작품은 심리적인 치유 효과가 있다. 극도로 단순화된 형태와 생동감 있는 색채, 강렬한 정서가 담긴 그의 작품은 우리의 정서를 자극하여 우울이나 불안 등 정신적인 문제를 가진 이들에게 긍정적인 영향을 미친다. 현실을 뛰어넘는 독특한 예술 경험은 감상자의 상상력과 감성을 자극하고 심리적인 안정감과 쾌감을 유발한다. 그의 작품 속 창의성과 상상력을 통해 새로운 아이디어를 도출하거나 문제해결력이 향상될 수 있다.

쿠르베(Gustave Courbet) '절망에 빠진 남자'

생애 1819-1877(58세) | **국적** 프랑스 | **제작연도** 1845년

　　쿠르베는 프랑스의 '사실주의'화가다. '사실주의'란 고대의 신이나 이상적으로 미화된 영웅의 모습이 아닌, 도시 노동자와 농민을 포함한 당대의 인물들, 그리고 눈에 보이는 그대로의 자연과 사물을 담으려는 사조다. "나에게 천사를 보여달라! 그러면 천사를 그리겠다."는 말을 하며 당대의 일상을 미화나 왜곡 없이 그려내고자 했다. 그는 그림에 삶의 가혹한 현실을 묘사했다. 예술의 유일한 진정한 원천은 예술가 자신의 경험이라고 주장했으며 신격화된 것들을 지우고 현실을 그 자체로 드러내는 것인 예술가의 책무라 생각했다. "예술이란 볼 수 있게 만드는 지식이다."라고 말하며 언제나 존재하지만 이제까지 예술에서 부정당한 돈 없고 힘없는 민중들을 그림으로 드러내려고 노력했다. 평범한 개인을 영웅적인 방식으로 묘사함으로써 평등의 개념을 옹호했기에 사회 정의의 상징이 되었다. 이러한 사회 현실에 대한 저항적인 성격은 당시 관습적인 예술 관행과 충돌하면서 분쟁의 대상이 되기도 했다. 하지만 그는 혁신적인 작품

으로 사회적 메시지를 던지면서 당대 큰 영향력을 가진 화가였다.

이 작품은 그가 무명인 24세 때 그린 것이다. 그의 옷이 지저분하고 엉망인 것으로 보아 어려운 시기를 겪고 있음을 알 수 있다. 그의 어두운 표정, 무거운 분위기 등은 절망적인 감정을 느끼게 한다. 인물의 얼굴과 몸을 강조하고 특히 눈과 입을 크게 그리고 배경은 어둡게 그려 인물의 절망과 불안을 강조한다. 자신의 내면을 드러내는 성찰적인 작품으로 광명과 어둠의 대비를 이용하여 작품의 분위기를 강조한다. 정치운동가였던 그는 1871년 6개월간 투옥되었고 1877년 스위스 망명길에 올랐다. 그는 그때도 이 자화상을 챙길 만큼 이 작품에 대한 애정이 특별했다고 한다.

쿠르베의 작품은 심리적인 치유 효과가 있다. 사실적이고 현실적인 그의 작품은 우리의 시선을 사회적으로 중요한 문제에 놓이게 한다. 감상자는 현실적인 문제를 바라보며 우리가 살아가는 세상을 새롭게 바라볼 수 있다. 또한 그의 작품은 사람들의 인간관계와 감정, 삶의 불안정함 등을 다루고 있다. 이러한 주제들은 많은 이들이 공감할 수 있는 것들이기 때문에 감상자는 자신의 감정을 인식하고 이해할 수 있다.

바스키아(Jean Michel Basquat) '무제'

생애 1960-1988(28세) | **국적** 미국 | **제작연도** 1982년

> "나는 알 듯 모를 듯 지식인의 냄새가 풍기는
> 그림과 다른 그림을 그리고싶다. 내 작품을 보며 사람들이
> 자유롭게 살아있음을 느끼길 바란다."

바스키아는 '낙서 화가'로 미국 최초의 흑인 예술가다. 키스 해링(Keith Haring)과 같이 거리예술의 틀을 구축한 1세대 '그래피티 아티스트'로 불리며 낙서를 예술 차원으로 승화시켰다. '그래피티 아트'(graffiti art)라 불리는 낙서화는 벽이나 그 밖의 화면에 낙서처럼 긁거나 스프레이 페인트를 이용해 그리는 그림이다. 그는 정식 미술 수업을 받지 않았음에도 단번에 미술계의 독보적인 존재로 떠올랐다. 그가 유명세를 타는 데 가장 중요한 역할을 한 인물은 현대 미술의 아이콘인 앤디워홀(Andy Warhol)이다. 그의 천재성을 단번에 알아본 워홀은 자신의 재력과 타고난 마케팅 실력으로 그의 몸값을 끌어올렸다. 그가 스물일곱이란 짧은 나이로 생을 마감하기 전까지 무려 2,500점에 달하는 작품을 남기며 활발한 활동을 했다.

그의 작품은 비극과 유머가 공존하는 풍자적인 화풍으로 낙서를 휘갈긴 듯한 정리되지 않은 선과 강하고 분명한 색이 특징이다. 그는 화면을 어떤 식으로 구성하겠다는 계획 없이 즉흥적으로 힙합리듬을 타면서 랩을 하듯이 채워나갔다. 어린아이가 그린 것처럼 어설퍼 보이는 그림에 인물과 단어, 기호들이 반복되는데 이를 통해 자전적 이야기·흑인 영웅·만화·해부학·낙서 기호·상징·죽음을 표현했다. 특히 왕관은 자신이 담는 인물에 대한 존경과 찬미의 의미다. 불평등한 사회 분위기 속에서 흑인이나 히스패닉 영웅, 특정 아티스트 등 영웅들의 머리 위에 왕관을 그렸다. 그는 "미술관 안을 잘 살펴봐. 흑인이 하나도 없지? 내가 그림을 그리는 이유는 흑인이 미술관에 들어올 수 있게 하기 위해서야.", "나는 작업할 때 예술에 대해 생각하지 않는다. 삶에 대해 생각하려고 노력한다." 라고 말하며 사회적 불평등에 도전하는 그림을 그렸다.

바스키아의 삶을 소재로 다룬 영화는 1996년 '바스키아(Basquia)'가 있다. 그의 인생과 예술 경력을 중심으로 한 성장·열정·예술 세계에서의 어려움을 다루고 있다. 다큐멘터리는 2017년 '붐 포 리얼: 더 레이트 틴에이저 오브 장-미셸 바스키아(Boom for Real: The Late Teenage Years of Jean-Michel Basquiat)'이 있다. 바스키아가 뉴욕의 블랙 아트 문화에서 시작하여 대표적인 아티스트가 되기까지 과정을 다루고 있다.

바스키아의 작품은 심리적인 치유 효과가 있다. 그의 작품에는 그가 겪었던 어려움과 고통, 삶과 예술의 진솔한 탐구를 담아내기 때문에 감상자는 자신의 내면과 마주하고 자아를 발견하거나 삶과 정체성을 이해하게 된다. 다양한 색채와 패턴 등은 시각적인 자극을 주어 뇌의 활동을 촉진하고 정서적 안정감을 준다. 또한 그의 창조적인 역량과 자유로운 정신, 그리고 독특한 예술적 스타일은 창의성과 예술적 취향을 발전시키는 데에도 도움을 준다.

Basquia(1996)	붐 포 리얼: 더 레이트 틴에이저 오브 장-미셸 바스키아(2017)
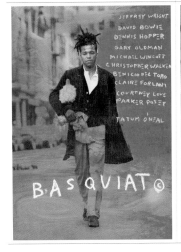	

칸딘스키(Wassily Kandinsky) '구성 5'

생애 1866-1944(78세) | **국적** 러시아 | **제작연도** 1911년

"예술에서 반드시 해야 하는 것은 없다. 예술은 자유니까."

칸딘스키는 러시아 출신으로 추상미술이라는 개념을 처음으로 시도하고 정립한 화가다. 또한 음악을 그리는 화가로도 유명하다. 바그너의 오페라에서 깊은 영감을 받아 음악을 자신의 작품 세계에 끌고 와 악기마다 다른 음색을 색채로 표현하는 방법을 연구했다. 음악을 들으면 색이 보이고 색을 보면 음악이 들린다고 믿었으며 "색채는 직접적으로 영혼에 영향을 미치는 힘이다."라고 말하면서 선명한 색채를 통해 음악적인 감성을 역동적으로 표현했다. 즉 색과 모양, 라인과 공간, 음악과 시 같은 형식적인 요소들을 기반으로 하면서 그 안에 존재하는 무형적인 것들에 주목하고자 했다. 그는 "색채는 건반이고 그것을 보는 눈은 하모니다. 영혼은 많은 줄을 가진 피아노이며 예술가는 영혼을 울리기 위해 그것을 연주하는 손의 역할을 한다."라고 말하며 미술과 음악을 비교했다. 음악에 리듬과 화음이 존재하듯 그림에서도 색과 형태를 역동적이고 균형 있게 사용하여 내적 감정을 끌어내는 데 초점을 두었다.

이 작품은 그의 초기 추상화 중 중요한 수장이라 할 수 있는 대작으로

(190×274) 색채와 라인이 매우 강조된다. 전체적인 화면은 검은색의 선들이 산 맥이나 마을, 혹은 인물을 연상시키는 유기적인 형상을 만들어내고 있지만 이외 에는 어떤 구체적인 형상을 발견할 수 없다. 붉은색, 청록 황토색 등의 다채로운 색들이 검은 선이 그려내는 경계에 구애받지 않고 자유분방하게 칠해져 있는 점 도 눈에 띄는데 이로 인해 화면은 경쾌한 음악을 듣는 듯 리듬감이 있고 활기찬 분위기를 자아내고 있다. 이 작품이 제작되기 몇 년 전 그의 작품들은 제목을 통 해 어떤 형상을 그렸다고 알 수 있었지만, 이 작품은 제목조차 '구성'이라는 단어 로 바꿈으로써 구체적인 형상을 버린 완전 추상화의 단계에 접어들었다.

칸딘스키의 삶을 소재로 제작된 영화는 2017년 '나의 위대한 친구, 세잔 (Cézanne et moi)'가 있다. 이 영화에서는 칸딘스키와 함께 떠오른 화가 폴 세 잔의 친구 관계와 그들의 예술적 경쟁을 다루고 있다.

칸딘스키의 작품은 심리적인 치유 효과가 있다. 그의 작품은 강렬한 색채 와 선으로 구성되는데 이는 일종의 심리적 강제력을 불러일으켜서 불안·우울· 스트레스 등의 정신적인 문제를 가진 사람들에게 긍정적인 영향을 준다. 또한 추상적인 형태와 색채적 조합을 통해 무의식적인 심리적 상태를 끌어낼 수 있 어 감정과 정서를 자극한다. 그의 작품은 색채 치료에 이용되는데 그의 작품에 사용된 색채는 우리의 뇌파를 변화시켜 정서를 안정시키는 데 효과적이다.

나의 위대한 친구, 세잔(2017)

잭슨 폴락(Jackson Pollock) '가을 아침'

생애 1912-1956(44세) | **국적** 미국 | **제작연도** 1950년

"그림을 그리는 것은 자기 자신을 발견하는 것이다.
훌륭한 예술가들은 모두 자신을 그린다."

폴락은 미국 '추상표현주의'화가다. '추상표현주의'는 제2차 세계대전 이후 미국에서 일어난 미술사조로 화가들은 무의식을 활용하여 전쟁 이후 불안한 마음을 화폭에 격정적으로 표현했다. 그는 "무의식이 나를 표현하게 한다."고 말하며 무의식이야말로 창작과정에서 말로 표현할 수 없는 감정과 느낌을 표현하는 방법이라고 믿었다. 또한 "회화는 자신의 생명력을 가지고 있다. 나는 그것이 표현될 수 있도록 놓아주려고 노력한다."고 말하며 특정한 주제나 대상을 그리는 것이 아니라 자유로운 동작과 우발적인 요소를 통해 자신의 감정과 심리 상태를 그대로 녹여내고자 했다. 거대한 캔버스 위에서 한 손에는 페인트를, 다른 한 손에는 붓을 들고 역동적으로 몸을 움직이는 동안 그는 순수한 창조를 위한 무의식에 도달하는 것이다. 이러한 작업 방식을 통해 그는 인간의 본성, 인생의 무의미함, 현실과 꿈의 경계 등을 표현하고자 했다. 그는 1940년대와 50년대 미국과 유럽 예술계에서 큰 인정을 받았다. 유럽과 비교할 때 예술 부흥이 늦었던 미국은 자신들만의 대표적인 예술가를 탐색했다. 마침 독특한 표현 기법으로 눈길을 끌었던 폴락은 1949년 미국 주류 잡지 '라

이프(life)'에 실리면서 유명해진다. 이젤이 아닌 바닥에 캔버스를 두고 마치 춤을 추는 듯 움직이며 작품을 완성하는 '액션 페인팅'과 그 과정에서 페인트를 튀기고 붓는 '드리핑 기법'은 당시 사람들에게 매우 파격적으로 다가온 것이다.

이 작품은 대형 캔버스에(207×105) 크기로 그려졌다. 가을의 자연적인 소리와 운동감을 그대로 담아냈다. 물결치듯이 흘러내리는 검은색·회색·갈색 등의 색상과 흔들리는 선들은 작품의 타이틀에 담긴 '리듬'이라는 단어에서 알 수 있듯이 움직임의 강도와 속도를 나타낸다. 또한 중립적인 색조는 작품 전체에 집중력을 유지하면서도 추상적인 형태와 움직임을 강조한다.

폴락의 삶을 소재로 한 영화는 2000년 '폴락(Pollock)'이 있다. 이 영화는 폴락의 삶과 작품, 그가 지닌 내면의 갈등 등을 다루고 있으며, 에드 해리스(Ed Harris)가 폴락을 연기하며 토론토 비평가협회 남우주연상, 마샤 게이 하든(Matcia Gay Harden)은 아카데미 여우조연상을 수상했다.

폴락의 작품은 심리적인 치유 효과가 있다. 그의 대담하고 자유분방한 스타일은 감상자에게 춤을 추는 듯한 느낌을 주어 자신의 감정과 신체적인 욕구를 표현하게 도와준다. 추상적인 형태와 색상의 조합으로 강렬한 감정과 역동성을 전달한다. 작업 방식이 매우 자유롭고 집중력이 필요하기에 작업 과정 자체도 치료에 도움을 준다. 스트레스를 해소하고 집중력을 향상하며 자신의 창조적인 면을 발견할 수 있다.

폴락(2000)

로스코(Mark Rothko) '무제'

생애 1903-1970(67세) | 국적 미국 | 제작연도 1954-1956년

"감상자와 내 작품 사이에는 어떤 것도 놓여서는 안된다.
작품에 어떤 설명을 달아서도 안된다. 그것은 보는 이의 정신을
마비시킬 뿐이다. 내 작품 앞에서 해야 할 일은 단지 침묵이다."

　　로스코는 러시아 태생의 미국 화가로 '색면 추상'이라 불리는 추상표현주의
의 거장이다. '색면추상'이란 화가들이 전쟁의 허무감을 극복하기 위해 우연보다
는 철학적 이념을 바탕으로 단순하고 강렬한 색과 면으로 표현한 회화 기법이다.
그는 2미터가 넘는 대형 캔버스에 다채로운 색으로 경계를 흐리며 은은하게 드러
나게 표현했다. 추상표현주의 방법 중 하나인 액션페인팅을 거부하고 보다 영적
이고 명상적인 형태의 색상 감상을 위해 정적인 호흡이 느껴지는 그림을 그렸다.
그는 "나는 색채나 형태나 그 밖의 다른 것들의 관계에는 관심이 없다. 나는 비극·
황홀경·운명 같은 인간의 근본적인 감정을 표현하는 데에만 관심이 있다."고 말하
며 현대인의 영적 공허함을 예술적으로 채우는 것을 목표로 삼았다. 유독 그의 작

품을 보고 우는 감상자가 많다. 그는 "화가는 캔버스에 그림을 완성했다고 그 역할이 끝나는 것이 아니라 관람객이 작가의 작품을 보고 작가의 생각에 공감하고 소통해야 비로소 작가의 소임을 다한 것이다. 내 그림 앞에서 우는 사람은 내가 그것을 그릴 때 가진 것과 똑같은 종교적 경험을 하는 것이다."라고 언급했다.

로스코는 대중성을 추구하지 않고 순수한 예술 표현에 초점을 맞추었기에 당대에 크게 인정을 받지 못했으나 1960년대 후반부터 미국의 많은 미술관에서 전시되면서 인기를 누렸다. 거칠고 강렬한 색채로 완성된 로스코의 작품은 보는 이에게 한 편의 드라마처럼 정서적 동요를 일으켰다. 1961년 케네디 대통령의 취임식에 초청받았고 같은 해 뉴욕 현대미술관에서 회고전까지 열 정도로 로스코는 전성기를 맞이했다.

로스코의 삶을 소재로 한 2014년 BBC '로스코의 방(Rothko's Rooms)'이 있다. 이 영화에서 그의 작품을 비롯해 그가 살았던 집과 스튜디오 등을 다루며 그의 작품과 삶을 재조명하고 분석하였다. 이 영화는 2014년 베니스 국제영화제에서 상영되었다.

로스코의 작품은 심리적인 치유 효과가 있다. 그의 작품 특유의 분위기는 감상자의 내면 감정과 경험을 활성화하여 정서 상태를 안정시킨다. 명암 대비와 색상의 조화, 그리고 일관된 패턴 등으로 인해 시각적 안정감을 제공하여 스트레스 감소와 불안감 완화에 도움을 준다. 특히 그의 모호한 색채는 다양한 감정과 생각을 불러일으키고 각자의 경험과 해석에 따라 다른 의미를 부여하게 된다.

로스코의 방(2014)

샤갈(Marc Chagall) '나와 마을'

생애 1887-1985(98세) | **국적** 러시아 | **제작연도** 1911년

"미술은 사랑의 표현임에 틀림 없다.
그렇지 않다면 미술은 아무것도 아니다."

샤갈은 러시아 태생으로 프랑스에서 활동했으며 '색채의 마술사'로 불렸다. 독특한 시적 감성과 상상력으로 현실과 상상의 경계를 넘나들며 선명한 색채로 밝고 환상적이며 신비한 그림을 그렸다. 그는 "색이 내게 말한다."라고 말하며 색은 우리의 감정과 연관되어 있다고 보았다. 그의 작품에는 종종 초현실주의적인 이미지나 상상 속 동물, 인물 등이 등장하는데 인간과 자연, 상상과 기억, 이상과 현실 등 상반된 요소들을 융합하여 인간의 내면과 세계의 복잡성을 다양한 방식으로 새로운 세계를 창조하려고 했다. 또한 "우리 삶에는 화가의 팔레트처럼 하나의 색이 있으며, 그것이 삶과 예술의 의미를 제공한다. 그것은 사랑의 색이다."라고 말하며 사랑의 색이 가장 강하게 우리의 마음을 움직인다고 생각했다. 이러한 색은 우리에게 열정, 사랑, 기쁨, 활기, 영감 등을 불러일으키며 우리의 삶에 희망과 의미를 부여한다고 보았다. 당대 예술계에서 그의 혁신적이고 독특한 스타일을 인정하지 않는 시각도 있었으나 차츰 그의 색감과 상상력이 인정받고 독창성의 평가가 높아지면서 인기를 얻었다.

이 작품은 러시아의 유대교 가정에서 태어난 그가 프랑스에서 활동할 때 고향마을에 대한 추억을 그린 작품이다. 다양한 색상과 단순화된 모습, 상상력에 기반한 동물과 인물의 형상이 눈에 띈다. 오른쪽에는 초록색 얼굴을 한 샤갈의 모습이 왼쪽에는 하얀 얼굴의 소의 옆모습이 확대되어 그려져 있다. 소와 샤갈은 커다랗고 영롱한 눈으로 서로를 바라보고 있다. 인간과 동물의 기이한 공존은 붉은색과 푸른색의 대조로 더욱 두드러진다. 화면 위에는 구름과 새, 농장과 마을, 그리고 사람들이 마치 일종의 푸른 꿈속에 녹아들어 있는 듯한 이미지로 이루어져 있다.

샤갈의 삶을 소재로 한 다큐멘터리는 1998년 '샤갈(Chagall)'이 있다. 이 다큐멘터리에서는 그의 예술적인 삶과 그의 작품에 담긴 이야기가 담겨있다. 영화는 1999년 'Notting Hill'에 그의 작품 〈결혼〉이 등장한다. 이 작품은 여배우인 안나역을 맡은 줄리아 로버츠(Julie Fiona Roberts)가 윌리엄 역을 맡은 휴 그랜트(Hugh Grant)에게 자신의 마음을 고백하기 위해 샤갈의 작품 〈결혼〉 원화를 가져와 선물하는 장면이 나오며 이 작품은 남녀 주인공을 이어주는 역할을 한다.

샤갈의 작품은 심리적인 치유 효과가 있다. 그의 작품은 상상력이 풍부하고 몽환적인 분위기를 자아내기 때문에 감상자에게 다양한 감정적 반응을 유발한다. 특히 몽환적인 다양한 색상은 감상자의 정서를 자극하여 긍정적인 영향을 준다. 또한 그의 작품 속 자연과 인간, 종교적 상징 등을 융합한 형태는 다른 존재와 연결되어 있음을 느끼게 한다.

노팅 힐(1999)	작품 <신부> (1950)

오키프(Georgia O'Keeffe) '달로 가는 사다리'

생애 1887-1986(99세) | **국적** 미국 | **제작연도** 1958년

"아무도 꽃을 보지 않아. 정말로 그건 너무 작아.
보려면 시간이 없어,
친구가 되려면 시간이 걸리는 것처럼 말이지."

오키프는 미국의 추상화가다. 그녀는 미국이 세계 예술의 중심이 되기 전인 20세기 초 예술사조의 유행에 휘둘리지 않고 자신이 보고 느낀 신대륙 미국의 모습을 내면화한 독특하고 새로운 화풍으로 가장 미국인다운 그림을 그렸다. 그녀는 대개 큰 꽃·동굴·사막 등을 극적으로 다뤘다. 추상적인 그림을 그리는 그녀는 자연에서 아이디어를 찾아내기로 유명하다. "나는 꽃을 그리는 것이 아니라, 꽃 안에 있는 것을 그린다."라고 말한 것은 그녀가 꽃이나 자연의 형태를 그릴 때 단순히 외부적인 모습만이 아니라 내면에 담긴 본질을 담으려고 노력했다는 것을 나타낸다. 자연의 아름다움에 대한 자신만의 해석을 담았고 대상의 형태를 단순화하고 색채의 대비와 조화로움을 통해 감정을 전달하려 했다. 그녀는 자신이 여류화가라고 불리는 것을 매우 싫어했지만, 여성이 혼자 독립적인 영역을 만들기 어렵던 당시 그녀는 편견을 묵묵히 넘어서며 자신만의 화풍을 만들었다. 당대 그녀의 작품은 충격적인 성격을 띠고 있었기 때문에 비판을 받기도 했으나 1920~1930년대에 유명한 갤러리에서 전시되면서 현대 미술계에서 큰 주목을 받았다. 당시 여성 예술가로서는 매우 드문 성취를 이룬 인물 중 하나이며 그녀의 작품은 그녀가 살아있는 동안 광범위한 인기와 인정을 받았다.

1946년 그녀는 뉴욕 생활을 청산하고 뉴멕시코의 산타페로 이주했다. 이 작품은 72세가 되는 1958년 자신의 낡은 벽돌집에서 그린 것이다. 사다리는 상상의 산물이 아니라 집의 마당 건물 외벽에 기대놓은 실제 사다리다. 작품을 살펴보면, 오른쪽에서 왼쪽으로 기울어진 사다리와 그 위를 향해 힘차게 솟은 하얀색 달을 중심으로 구성되어 있다. 대조적인 색감과 강렬한 대비가 돋보이며 그녀의 작품에서 흔히 볼 수 있는 섬세하면서도 직선적인 구성과 조형적인 아름다움이 인상적이다. 그녀의 자연주의적인 시각과 추상적인 형태를 대표하는 작품으로 자연에서 찾은 형태를 추상화하여 그림 속의 사다리는 날개라도 달린 듯 검은 능선을 벗어나 달을 향해 올라가는 중이다. 분리된 하늘과 땅을 이어주는 하늘사다리다. 하늘사다리는 우주와 소통하고 싶은 바람을, 청록색 어둠은 초월적인 존재가 되고 싶은 갈망을 뜻한다. 오키프 이후 한산한 광산촌이었던 산타페는 예술의 도시로 변화했다.

오키프의 작품을 소재로 한 다큐멘터리는 '결혼: 조지아 오키프와 알프레드 스티글리츠(A Marriage: Georgia O'Keeffe and Alfred Stieglitz)'가 있다. 그녀의 지원자이자 한 때 남편이었던 스티글리츠(Stieglitz) 사이의 관계를 보여주는 것으로 그녀가 작품을 창작하는 과정과 그녀의 예술적 비전을 다룬다. 드라마로 2009년 '조지아 오키프(Georgia O'Keeffe)'가 있다. 이 드라마도 오키프의 삶과 작품에 초점을 맞추어 오키프의 일대기 중 그녀의 작품활동과 삶에 큰 영향을 주었던 미국 근대 사진작가로 유명한 알프레드 스티글리츠와의 이야기를 다루며 그녀가 어떻게 아메리칸 모더니즘의 중요 인물 중 하나가 되었는지를 다룬다. 이 드라마는 2009년 골든 글로브상에서 3개 후보에, 2010년 프라임타임 에미상에서 9개 후보에 올랐으며 2010년 미국작가조합상을 수상했다.

　　오키프의 작품은 심리적인 치유 효과가 있다. 그녀의 작품은 대상의 형태와 색상이 극적으로 단순화되어 있어 감상자는 쉽게 집중할 수 있고 직관적으로 자신의 감정을 표현하고 이해할 수 있다. 자연과의 조화와 균형을 나타내는 작품이 많아 감상자는 자연적인 요소들로부터 안정과 안락함을 느낄 수 있어 또한 여성의 시각을 대표하는 작품으로 여성들에게 자신의 정체성에 대한 탐구를 돕는다.

조지아 오키프(2009)

쩡판즈(Zeng Fanzhi) '가면'시리즈

생애 1964- | **국적** 중국 | **제작연도** 1998년

"베이징에 처음 왔을 때 이 거대도시에서 나는 오랫동안
이방인이라는 생각을 하며 살았다. 사람 사이의 거리감을 뼈져리게
체감했고 그로 인해 외로움은 더욱 깊어졌다. 〈가면 시리즈〉는
나의 내성적이고 부끄러움을 많이 타는 경험을 그린 것이다."

쩡판즈는 중국 출신의 화가다. 현대 중국사회의 문제점과 인간의 내면적
인 충돌을 개인적인 경험과 감정으로 솔직하게 담아내는 것으로 유명하다. 또
한 중국의 전통 미술기법과 서양의 모던아트기법을 융합한 스타일로 강렬한 색
채와 선으로 구성된 것이 특징이다. 그는 "예술가의 역할이란 질문을 던지며 사
람들에게 생각할 수 있는 하나의 부호를 던져주는 것이다."라고 말하여 인간의
본성과 사회적 역할에 대한 질문을 던졌다. 현시대에 가장 시급한 과제는 조화

로운 관계를 이루는 것이며 이를 위해 공감적 언어인 예술이 사람과 다른 사람, 사회와 다른 사회, 민족과 다른 민족의 조화로운 관계를 도울 수 있다고 보았다. 그의 작품은 중국의 빠르게 변화하는 문화와 사회의 변화를 반영하고 있어 현대 중국 예술에서 중요한 위치를 차지하고 있다. 동시에 전 세계적인 미술계에서도 큰 관심을 받고 있다.

이 작품은 1990년대 초반부터 2000년대 중반까지 그려진 〈가면〉 시리즈로 그의 대표작 중 하나다. 그는 급성장한 베이징의 도시에서 자본주의로 인간관계가 파괴되고 부조리한 사회 현실을 목격하면서 도시의 양면성을 표현했다. "나는 이 작품을 통해 사람들이 가지고 있는 내면의 복잡한 감정을 표현하고자 했다. 마스크라는 소재를 통해 사람들이 자신의 정체성을 가리고 있는 모습을 그렸다."고 말하며 거대도시에 살아가면서 자신의 신분·성격·정치적 견해 등으로 인해 사회에서 강요되는 역할을 착용한 인물들의 모습을 그려낸다. 작품 속 두 주먹을 쥔 듯한 큰 손은 자본주의 사회에서 인간이 끊임없이 가지려는 욕망을 드러낸다. 작품 속 인물들이나 사물들을 현실적으로 그리지 않고 왜곡하거나 극적으로 표현함으로써 현실과 내면적인 세계 간의 괴리감을 나타냈다. 가면 뒤에 가려진 우리의 존재를 일깨우고 있다.

쩡판즈의 작품은 심리적인 치유 효과가 있다. 눈에 띄는 강렬한 색채와 화려한 묘사 기법으로 인해 우선 시각적으로 매력적이다. 대개 붉은색, 검은색 등 강렬한 색상과 굵은 붓 터치, 화면 전체를 채우는 대형 작품이 특징이다. 이는 강렬한 감정을 자극하고 감상자의 집중력을 높여주어 자신의 감정을 인식하게 돕는다. 그의 작품 중 일부는 사회적·정치적 메시지를 담고 있어 사람들이 현재의 사회적 이슈에 대해 생각하도록 격려한다. 이러한 메시지는 시각적 예술을 통해 사회적 융화를 촉진한다. 특히 〈마스크〉 시리즈는 인간의 감정과 정서를 담은 얼굴에 가면을 씌워 자신의 내면적 갈등이나 부정적 감정을 표현하여 감상자에게 이상과 현실의 괴리를 생각하면서 자아성찰의 기회를 제공한다.

클림트(Gustav Klimt) '생명의 나무'

생애 1862-1918(56세) | **국적** 오스트리아 | **제작연도** 1905년

"예술은 당신의 생각들을 둘러싼 한 줄기 선이다."

클림트는 19세기 말에서 20세기 초 오스트리아에서 활동한 '아르누보'의 대표적인 화가로 생전 유럽 예술계에서 큰 인기를 얻었다. '아르누보'란 '새로운 예술'을 뜻하는데 1890~1910년 사이 유럽 각지와 미국, 남미에 이르기까지 국제적으로 유행한 양식이다. 흔히 '아르누보'라 하면 덩굴식물 모티브와 구불구불하고 유연한 선으로 장식된 철제 난간, 섬세한 꽃무늬의 반복적인 패턴, 긴 실루엣의 여인 이미지 등을 떠올릴 수 있다. 그의 작품에서도 인물들은 섬세하고 화려한 장식, 섬세한 색채의 조화 등으로 표현된다. 그의 작품에는 여성이 자주 등장한다. 실재하는 여성보다는 상상 속의 여성을 그렸으며 그녀들은 부드러운 곡선과 화려한 패턴, 금색과 은색의 반짝이는 장식으로 가득 찬 비현실적인 세계로 그려진다. 또한 자연에서 영감을 받아 나무, 꽃, 동물 등을 자연을 찬미하고 유기적인 구성과 화려한 색채로 이루어져 독특한 분위기를 자아낸다. 그의 작품은 특유의 고요하고 신비로운 분위기를 띠면서도 개인의 심리와 욕망, 사랑과 죽음과 같은 깊은 주제를 다루고 있다. 당시 사회적 태도와 상반되는 내용을 다루어서 논란을 일으키기도 했다. 그는 예술을 통해 사회적으로 금지되거나 숨겨져 있는 것들을 드러내고자 했다. "미술은 숨겨진 세계를 드러내는 것이다."라고 말하며 당시 사회적, 정치적인 문제를 다루면서도 상상력과 예술성을 융합한 형태로 그렸다.

이 작품은 아르누보 전통을 이어가면서도 자신만의 독특한 표현 방식을 개척한 것을 보여주는 클림트의 대표작 중 하나다. 갈퀴 모양으로 구성된 붉은색 나무와 이를 중심으로 전개되는 화려한 금색 무늬가 특징으로 화면 전체가 유기적인 굴절을 띠는 화려한 무늬로 구성되어 그만의 화려하고 독특한 장식적 요소가 강하게 드러났다. 작품 속 소용돌이치는 나뭇가지는 고대 신화에서 유래된 것으로서 생명의 연속성과 인간의 복잡성을 표현한 것이다. 나무의 뿌리는 단단하게 땅에 고정되어 있는데 이것은 신화 속 하늘과 땅의 연결을 의미한다. 생명이 자라고 죽고 또다시 흙으로 돌아가 다시 태어난다는 윤회 사상은 불교뿐만이 아니라 여러 고대 신화나 종교에서도 볼 수 있다. 영생을 누리고 싶은 인간의 욕망이다. 나무의 가운데 검은 새는 죽음의 의미로 생명의 시작이 있으면 끝도 있음을 보여준다.

클림트의 삶을 주제로 한 영화는 2006년 '클림트(Klimt)'가 있다. 이 영화는 클림트의 작품들과 그가 살았던 시대의 문화적 배경이 영화 속에서 잘 표현했으며 존 말코비치(John Malkovich)가 클림트 역을 맡았다. 또한 2015년 베를린 영화제를 비롯하여 세계 유수의 영화제에서 화제를 일으킨 영화 '우먼 인 골드(Woman in Gold)'는 경매가 1,500억 원에 달하는 클림트 작품 중 하나인 〈아델라 블로흐-바우어의 초상(Portrait of Adele Bloch-Bauer Ⅰ)〉를 둘러싸고 국가와 개인의 법적 투쟁으로 세계인의 이목을 집중시킨 이야기로 전개된다.

클림트의 작품은 심리적인 치유 효과가 있다. 아름다운 색채와 미적 요소를 통해 감상자는 시각적 쾌감을 느낀다. 그는 금색과 은색 등 화려한 색채를 사

용하는데 이러한 화려한 색채는 우리의 뇌파를 안정시키고 긍정적인 감정을 유
발하는 데 도움을 준다. 꽃이나 나무, 나비 등의 자연 속의 요소들을 다양하게
묘사한 작품이 많은데 이러한 작품들은 자연의 아름다움과 평온함을 상기시켜
주며 마음을 안정시키는 데 도움을 준다. 또한 자아와 육체적인 욕구, 생명과 죽
음 등의 주제를 다루어 삶과 죽음에 대한 깊은 생각을 자극하여 감상자가 깊이
생각하고 성숙해질 수 있도록 돕는다.

<아델라 블로흐-바우어의 초상> (1903-1907)	클림트(2006)	우먼 인 골드(2015)

프리드리히(Caspar David Friedrich) '안개 바다 위의 방랑자'

생애 1774-1840(66세) | **국적** 독일 | **제작연도** 1818년

"화가는 내면에서 본 것을 그려야 한다. 내면에서 아무것도 볼 수 없다면 앞에 있는 것을 그리지 말아야 한다."

프리드리히는 독일의 '낭만주의'화가다. '낭만주의'는 인간을 중시하고 자연을 과학적으로 분석하려는 계몽주의에 반대하여 인간과 자연이 하나라고 주장하면서 자연을 분석하지 말고 상상력으로 통찰하라고 주장한다. 그는 "내 안의 무한한 존재감과 자연의 무한한 존재감은 동일하다.", "작가는 자연의 느낌과 정신적 상태를 담아내는 것이 목적이다."라고 말하여 시적 상상력을 통해 죽은 자연을 살아있는 자연으로 바꾸고자 했으며 풍경화를 역사화와 동등한 지위로까지 올려놓았다. 단순히 풍경을 묘사하는 것에서 그치지 않고 풍경에 어떠한 가치를 부여하려고 했고 그러한 가치는 '영웅적인 풍경화', '종교적인 풍경화'라는 용어가 등장하는 배경이 되었다. 이렇게 자연의 위대함과 인간의 작은 존재감을 비교하면서 인간의 존재와 의미에 질문을 던졌다. 그는 18세기 말과 19세기 초반 독일 예술계의 대표적인 작가로 인정받았지만, 일반 대중이나 예술계 이외의 사람들에게는 잘 알려지지 않았다. 그의 작품은 사후 100여 년이 지난 1940년에 들어 각광받았다. 특히 그의 작품이 독일의 민족성을 보여주고 독일의 정신이 잘 드러난다고 하여 히틀러가 그의 작품을 좋아했으며 나치의 선전도구로 이용했다.

이 작품은 프리드리히의 대표작 중 하나로 자연과 인간의 이상적인 조화를 표현한 작품으로 평가받는다. 안개가 자욱해 높이가 가늠되지 않는 아득히 높은 산 위에서 그 밑을 내려다보는 남자의 뒷모습이 남기는 인상은 장엄한 느낌을 남긴다. 위대하면서도 두려움의 대상인 자연과 그 자연을 대면하고 서 있는 인간의 모습이 극적으로 그렸다. 삶과 죽음, 아름다움과 공포를 떠올리게 하고 종교적 외경심과 낭만적 감수성을 불러일으킨다. 감상자에게 등을 돌린 인물의 모습이 그가 처음은 아니다. 1966년 요하네스 페르메이르(Johannes Vermeer)의 〈회화의 기술(The Art of painting)〉도 있지만 이를 풍경화에 결부시켜 종교적 색채를 끼면서도 절제된 작품을 완성한 화가는 이전에는 찾아보기 힘들다.

프리드리히의 작품은 심리적인 치유 효과가 있다. 그의 작품은 종종 우울한 분위기와 고요한 분위기가 공존하며 이러한 감정적인 대조는 우리의 감정을 자극하며 깊은 감성적인 반응을 유발한다. 우울·불안·스트레스와 같은 감정적인 문제에 대한 해결책을 제공할 수 있다. 또한 그의 작품은 종종 천명론적인 내용을 담고 있다. 이는 자연과 인간이 하나로 이루어져 있으며 그들 사이의 유기적인 관계를 강조한다. 이는 자연의 아름다움과 영감을 제공하고 우리가 자연과 조화롭게 살아갈 필요성을 상기한다.

키스 해링(Keith Haring) '무제'

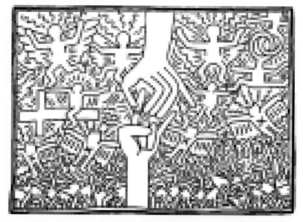

생애 1958-1990(32세) | **국적** 미국 | **제작연도** 1985~1987년

"어떤 작품도 정해진 의미는없다.
작품의 의미를 창조하는 것은 바로 감상자이기 때문이다.
그림은 다른 사람의 생각과 만날때야 완성된다."

키스 해링은 미국의 '그래피티' 화가다. 그의 작품은 간결한 선, 단순한 도형, 강렬한 원색, 재치와 유머가 넘치는 표현이 특징이다. 그는 1980년대 초반 뉴욕의 미술계에서 주목받기 시작했다. 길거리·지하철·클럽 등의 벽은 그의 캔버스가 되었고 행인들에게 말을 걸기 시작했다. 종종 공공기물 훼손죄로 경찰에 체포되었지만, 사람들은 그의 이미지에 열광하기 시작했다. 그는 "예술은 모든 사람을 위한 것이다.", "예술은 영혼을 해방하고 상상력을 자극하며 사람들이 더 나아가도록 격려하는 것이어야 한다."라고 외치며 누구나 예술에 참여하고 예술을 통해 소통하고 문제를 해결할 수 있다고 했다. 자신의 작품을 거리와 지하철에서 벗어나 티셔츠, 장난감, 공익광고 등으로 상업화하면서 대중적이고 소통이 가능한 예술을 추구했다. 또한 자신의 작품활동을 통해 다양한 인종과 문화를 표현하고 인종차별 반대, 동성애자 인권운동 등의 사회 문제를 그림 속에서 다루었으며 자신의 작품을 통해 세상의 문제를 해결하고자 했다. 바스키아와 더불어 상위예술과 하위예술 간의 장벽을 무너뜨리려고 노력한 화가이다.

키스 해링의 삶을 소재로 한 다큐멘터리는 2014년 'The Uncool Life of Keith Haring'이 있다. 이 다큐멘터리에서 그가 어떻게 자신만의 대중 예술 언어를 만들었는지, 그의 작품이 어떤 메시지를 전달하는지, 뉴욕 예술계와 그의 활동에 대한 인물들의 인터뷰 등을 담고 있다. 또한 2019년 영화 '붐 포 리얼: 더 레이트 틴에이저 오브 장-미셸 바스키아(Boom for Real: The Late Teenage Years of Jean-Michel Basquiat)'가 있다. 이 영화는 1980년대 뉴욕 미술계에서 활동한 예술가들의 삶과 작품을 다루는데 키스 해링과 바스키아의 관계와 작품 등이 소재로 사용된다.

키스 해링의 작품은 심리적인 치유 효과가 있다. 그의 작품은 재미있고 경쾌한 경험을 제공하여 긍정적이고 열린 마음을 유도한다. 간단하고 분명한 라인과 도형을 활용한 단순함은 일상적인 것들에 대한 새로운 시각을 제공한다. 또한 그는 사회적 이슈에 대한 중요성을 강조하는 작품을 많이 제작했는데 이러한 작품은 감상자가 인간관계와 사회적 상황에서의 문제를 탐구하는 데 도움을 주며 자신의 정체성과 가치를 발견하거나 사회적 변화에 기여한다.